Jürgen Weinmeister
Ein Handbuch für den Ernstfall
Krieg für Zivilisten

EIN HAND-
BUCH FÜR
DEN
ERNSTFALL
Krieg für Zivilisten

Jürgen Weinmeister

Impressum

Bibliografische Information der Deutschen Nationalbibliothek:
Die Deutsche Nationalbibliothek verzeichnet diese Publikation
in der Deutschen Nationalbibliografie; detaillierte bibliografische Daten sind im Internet über http://dnb.dnb.de abrufbar.

Verlag: BoD · Books on Demand GmbH, Überseering 33,
22297 Hamburg, bod@bod.de

Druck: Libri Plureos GmbH, Friedensallee 273, 22763 Hamburg
ISBN: 978-3-8192-9599-7

Inhaltsverzeichnis

I

NICHT BEI MIR, NICHT JETZT, NICHT ICH

Die ersten Anzeichen eines drohenden Krieges sind selten eindeutig. Meist schleichen sich Veränderungen langsam in den Alltag. Nachrichten berichten von Spannungen, doch das Leben geht weiter. Menschen gehen zur Arbeit, kaufen Lebensmittel, feiern Geburtstage. In solchen Momenten sagt man sich oft: "Nicht bei mir, nicht jetzt, nicht ich." Der Gedanke, dass ein Krieg das eigene Leben zerstören könnte, ist schwer zu ertragen. Doch genau diese Haltung ist problematisch, denn das Verdrängen nimmt uns die Fähigkeit zu handeln.

Die Verdrängung als Schutzmechanismus

Wir Menschen neigen dazu, unangenehme Realitäten auszublenden. Niemand möchte sich vorstellen, dass das eigene Zuhause in Schutt und Asche liegen könnte, dass es keinen Strom, kein Wasser oder keine Lebensmittel mehr gibt. Aus psychologischer Sicht ist Verdrängen ein natürlicher Schutzmechanismus. Der Mensch sucht Sicherheit in Routinen und in der Annahme, dass das Leben sich nicht grundlegend verändern wird.

Doch die Geschichte zeigt: Krieg trifft oft genau jene, die ihn für unmöglich hielten. Die ruhigen Vororte, die fernen Städte, die normalen Menschen. Die Vorstellung, dass Krieg etwas ist, das nur anderen passiert, ist eine täuschende Illusion.

Nicht jetzt

Seit 2010 hat sich die globale sicherheitspolitische Lage drastisch gewandelt. Die Welt befindet sich in einer Phase geopolitischer Spannungen, die durch zwischenstaatliche Konflikte, zunehmende Aufrüstung und sich wandelnde Bedrohungen durch den Terrorismus geprägt ist. Die Natur bewaffneter Konflikte hat sich in den letzten Jahren verändert. Zwar sind klassische zwischenstaatliche Kriege weiterhin selten, doch geschürte innere Konflikte, Bürgerkriege und hybride Kriegsführung haben stark zugenommen. Stellvertreterkriege und der Cyber-Krieg haben an Bedeutung gewonnen. Zudem ist eine massive Aufrüstung bei Großmächten wie den USA, China und Russland zu beobachten, während nichtstaatliche Akteure wie Terrororganisationen oder paramilitärische Gruppen eine zunehmend unberechenbare Rolle spielen.

Wichtige Konflikte seit 2010 sind der Syrienkrieg, der als Protestbewegung gegen das Regime von Baschar al-Assad begann und sich zu einem internationalen

Stellvertreterkrieg entwickelte. Russland unterstützte Assad, während westliche Staaten und regionale Mächte, wie die Türkei und Saudi-Arabien, verschiedene Rebellengruppen förderten. Ein weiteres Beispiel ist die Ukraine-Krise, die 2014 mit der Annexion der Krim durch Russland begann. Der Konflikt demonstrierte das Konzept des hybriden Krieges.

Die Verbreitung von Falschmeldungen in gehackten Nachrichtenkanälen sowie Cyber-Operationen gegen die ukrainischen Streitkräfte unterstützt durch Agenten und gekaufte Politiker haben es geschafft, die politische Handlungsfähigkeit und die militärische Verteidigungsfähigkeit der Ukraine zu zerstören. Dies ermöglichte den regulären russischen Streitkräften, die Krim und Teile des Donbas handstreichartig zu besetzen.

Der vollständige Angriff Russlands auf die Ukraine im Februar 2022 markierte eine neue Phase: Erstmals seit langer Zeit wurde ein großer zwischenstaatlicher Krieg in Europa erneut Realität, wobei völkerrechtswidrig die Eroberung und Annexion von Territorien angestrebt wurde. Hierbei kamen Desinformationskampagnen, Cyberangriffe, Sabotagen und hybride Angriffe gegen die westlichen Staaten zum Einsatz. Diese reagierten - zusätzlich zu Geld und Waffenlieferungen - mit wirtschaftlichen Sanktionen als strategische Waffe, während Sabotage und hybride Angriffe auf uns weitgehend öffentlich ignoriert wurden, um sie so ins Leere laufen zu lassen.

Neben diesen Hauptkonflikten sind auch andere regionale Kriege von Bedeutung, darunter der Stellvertreterkrieg im Jemen zwischen Saudi-Arabien und dem Iran, der anhaltende Konflikt in Libyen nach dem Sturz Gaddafis, sowie militärische Auseinandersetzungen zwischen Armenien und Aserbaidschan um Bergkarabach.

Seit 2010 hat die weltweite Aufrüstung stark zugenommen. Während die 1990er und 2000er Jahre durch Abrüstung geprägt waren, führt die aktuelle geopolitische Unsicherheit zu massiven Investitionen in militärische Kapazitäten. China hat seine Verteidigungsausgaben mehr als verdreifacht und die weltweit größte Marine aufgebaut. China investiert stark in Hyperschallraketen, Künstliche Intelligenz und Cyber-Kriegsführung. Die illegale Expansion im Südchinesischen Meer führt zu erhöhten Spannungen mit den USA und Nachbarstaaten.

Nach Russlands Invasion in die Ukraine haben zahlreiche europäische Staaten ihre Verteidigungsetats erhöht. Deutschland hat ein Sondervermögen von 100 Milliarden Euro für die Bundeswehr bereitgestellt, und Schweden sowie Finnland traten der NATO bei.

Auch der Terrorismus hat sich seit 2010 gewandelt. Während islamistischer Terrorismus weiterhin eine Bedrohung darstellt, gibt es neue Gefahren durch rechtsextremen Terror und Cyber-Terrorismus. Der Islamische Staat (IS) erlangte 2014 durch die Eroberung weiterer Teile Syriens und des Irak weltweite Aufmerksamkeit. Durch internationale Militärinterventionen wurde das durch den IS errichtete Kalifat bis 2019 zerschlagen, doch die Gruppe bleibt weiterhin aktiv, insbesondere in Afrika und Afghanistan. Gleichzeitig haben rechtsextreme Anschläge in den USA, Europa und Neuseeland in den letzten Jahren zugenommen. Anschläge wie in Christchurch oder Halle zeigen eine wachsende Bedrohung durch Einzeltäter und Netzwerke. Staatliche Terrorgruppen nutzen zunehmend Cyber-Angriffe, um Infrastruktur zu sabotieren oder Propaganda zu verbreiten. Die Gefahr von KI-gestütztem Terrorismus nimmt zu.

Die sicherheitspolitische Lage hat sich seit 2010 erheblich verschlechtert. Die geopolitische Konkurrenz zwischen USA, China und Russland verschärft sich. Moderne Kriegsführung wird zunehmend durch Drohnen, Cyber-Angriffe und KI-gestützte Waffensysteme geprägt. Der technologische Wettlauf dominiert den modernen Krieg. Der Konflikt in der Ukraine zeigt die Bedeutung unbemannter Systeme für Aufklärung und Luftschläge.

Die Welt ist unsicherer geworden, hunderttausende Tote sind in Europa zu beklagen und die kommenden Jahre werden zeigen, ob Diplomatie oder militärische Eskalation den Weg der internationalen Beziehungen bestimmen werden.

Gleichzeitig deutet sich das Ende der Pax Americana an, die Zeit, in der die Amerikaner mit ihrer technologischen Überlegenheit Kriege oft noch im Keim ersticken konnten, ist zu Ende. Eine Neueinschätzung in Washington führte dazu, sich global zurückzuziehen und sich auf die wesentlichen Gegner zu konzentrieren. Die USA verlagern ihren strategischen Fokus auf den Pazifikraum. Dies hat zur Folge, dass europäische Staaten ihre Verteidigung eigenständig stärken müssen. Die Abhängigkeit von der amerikanischen Schutzmacht wird nun zurecht infrage gestellt, was zu einer Stärkung europäischer Verteidigungsstrukturen führt, aber auch Unsicherheiten über die zukünftige sicherheitspolitische Ordnung in Europa schafft. Länder wie Deutschland, Frankreich und Großbritannien sehen sich gezwungen, ihre militärischen Kapazitäten auszubauen, während die NATO vor der Herausforderung steht, ihre Rolle ohne die dominierende Präsenz der USA neu zu definieren. Der Rückzug der Amerikaner wird eine geopolitische Lücke hinterlassen, die von anderen Mächten wie Russland oder China genutzt werden wird, um ihren Einfluss in Europa zu erweitern. Wenn die USA ihren globalen Anspruch vollständig aufgeben und sich nach Nordamerika zurückziehen sollten, sind sowohl die Nachkriegsordnung, als auch die Vereinten Nationen und alle daraus resultierenden Prinzipien am Ende.

Die aktuelle Lageeinschätzung praktisch aller Sicherheitsfachleute in Europa ist, dass wir nicht mehr in Friedenszeiten leben und dass eine Eskalation der Lage jederzeit stattfinden kann. Der Zeitpunkt wird dabei in Moskau, Peking oder anderswo bestimmt und wir werden darauf nur ungenügend reagieren können.

Nicht bei mir

Deutschland und die EU sind längst selbst zum Kriegsgebiet geworden, auch wenn sich dieser Krieg nicht in klassischen Schlachten äußert. Cyber-Attacken, gezielte Desinformation, hybride Kriegsführung und wirtschaftliche Erpressung gehören heute zum strategischen Arsenal gegnerischer Mächte. Die russischen Cyberangriffe auf kritische Infrastrukturen, Desinformationskampagnen in sozialen Medien und die Einflussnahme auf politische Prozesse zeigen, dass Europa längst mitten in einem modernen Konflikt steht. Der Krieg in der Ukraine hat direkte sicherheitspolitische Auswirkungen auf Deutschland und seine Nachbarstaaten. Waffenlieferungen, Energiekrisen und Flüchtlingsströme sind unmittelbare Folgen. Zudem bedrohen innere Unruhen, Terrorismus und soziale Spaltung die Stabilität der europäischen Gesellschaften. Während physische Kämpfe bislang ausblieben, befindet sich Europa in einem permanenten Zustand der sicherheitspolitischen Unsicherheit. Die Frage ist nicht mehr, ob Europa in einen Krieg hineingezogen wird, sondern vielmehr, in welcher Form dieser bereits ausgetragen wird. Industriebetriebe, Energieversorger und Banken sind permanenten Cyber-Attacken ausgesetzt. Anschläge auf Unterseekabel, zentrale Zugsteuerung, Sprengstofffunde an Pipelines und Ähnliches sind inzwischen an der Tagesordnung. Solange totalitäre Staaten dafür nicht zur Verantwortung gezogen werden, werden die Angriffe weitergehen. Der außenpolitische Plan Deutschlands, „Wandel durch Handel" zu erzeugen, ist gescheitert. Durch das verminderte Interesse der Amerikaner an Europa können die Einflusssphären mit Gewalt oder durch Zersetzung neu aufgeteilt werden. Mit China haben wir einen Wirtschaftsgiganten, der sein Expansionsstreben und die seiner nützlichen Helfer finanziell, materiell und personell tragen kann. Ein reiches Zentralland der EU, wie zum Beispiel Deutschland, ist ein Hauptziel, weil die EU als demokratischer Machtblock fast der einzige verbliebene politische Gegenentwurf zu den totalitären Regimen ist. Deshalb werden wir kontinuierlich mit Fake News und zersetzender Propaganda bombardiert und ausspioniert. Es ist nur eine Frage der Zeit, wann wir als schwach genug gesehen werden, die Eskalation auszuweiten.

Die Bewohner Gazas und Bergkarabachs wussten schon seit Jahren, dass ihre Lage prekär ist, jedoch kaum ein Ukrainer rechnete 2014 mit dem russischen Überfall auf die Krim und den Donbas.

Warum ich?

In unserer Vorstellungswelt gibt es Soldaten, die Krieg führen, und Zivilisten, die das nicht tun. Man hat sogar das internationale Kriegsrecht danach aufgebaut. Warum? Weil sich herausgestellt hat, dass das eroberte Territorium weniger Gewinn abwirft, wenn die eigenen Soldaten plündern, brandschatzen, vergewaltigen und nur Not und Elend zurücklassen. Um die Beute bei den Befehlshabern abzuliefern und nicht bei den einfachen Soldaten, sollen Zivilisten und Infrastruktur geschont werden. Trotz allem sind Sie, ihr Besitz, ihr Körper und ihre soziale Stellung ein Kriegsziel.

Kommen wir direkt zur brutalen Realität: Als Frau droht Ihnen in einem von feindlichen Truppen kontrollierten Gebiet jederzeit eine Vergewaltigung. Doch damit nicht genug, dass Sie zum Sex gezwungen werden, häufig folgen auch noch grausamste Misshandlungen, Verstümmelungen und Folter. Letzteres wird Ihnen auch als Mann blühen, hier ist jedoch oft die vollständige Auslöschung das Ziel. Ausführende sind oft Soldaten, die ihre Todesangst abbauen, es kann aber auch Teil der Kriegsführung sein, angeordnet um die Zivilbevölkerung zu terrorisieren und zu unterwerfen.

Mindestens 20.000 Kinder wurden von den Russen in der Ukraine entführt, eine dermaßen hohe Zahl kann keine Folge von Kriegswirren sein. Es handelt sich hier um eine gut vorbereitete Aktion, um mit Terror gegen die Bevölkerung den Verteidigungswillen zu brechen.

In Srebrenica ermordeten serbische Soldaten der Republika Srpska 8000 bosnische Männer und Jungen. Vor den Augen der UN-Blauhelmsoldaten wurden die Männer aus der Bevölkerung herausselektiert und zur Ermordung abtransportiert. Die Durchführung solcher Massenexekutionen passiert nicht zufällig: Busse und Lastwagen zum Transport, tausende Augenbinden, Bagger die Massengräber ausheben sind nicht plötzlich vorhanden, all das muss gezielt geplant und organisiert werden.

Die Einwohner von Butscha, die Einwohner von Gaza, die Einwohner von Srebrenica - waren Zivilisten, die zwei Jahre vor dem Massaker noch wähnten, in ihrem Dorf alt zu werden.

Was also tun?

Den ersten Schritt haben Sie bereits getan, Sie lesen dieses Buch. Sie sind also bereits zur selben Schlussfolgerung wie ich gelangt, es muss etwas getan werden. Nur was genau?

Auf Glück hoffen ist eine Möglichkeit, allerdings ist Glück leider nicht auf Bestellung lieferbar. Also bleibt uns nur Eigenverantwortung durch Vorbereitung auf mögliche Szenarien.

DER KRIEG IN VERSCHIEDENEN ESKALATIONSSTUFEN

Wenn politische Spannungen eskalieren, gibt es nicht zwingend Krieg, genauer gesagt, gibt es nicht zwingend nur eine Art von Krieg, sondern Angriffe in verschiedenen Eskalationsstufen. Jeder Konflikt ist anders und den Streitparteien stehen unterschiedliche Mittel zur Verfügung, dem Gegner Schaden zuzufügen.

Dazu werden wir uns zuerst den Krieg in verschiedenen Eskalationsstufen vorstellen und uns zu jeder dieser Stufen geeignete Maßnahmen überlegen.

Später werden Sie Pläne erstellen und diese mit anderen Menschen besprechen. Vorsorge treffen und Lösungen für problematische Situationen finden.

Zuerst aber verschaffen wir uns einen Überblick über die verschiedenen Eskalationsstufen der heutigen Kriegsführung:

1.Stufe

- Informationskrieg
- Cyberkriegsführung

2. Stufe

- Sabotage
- Hybride Anschläge
- Staatlich gelenkter Terrorismus

3. Stufe

- Konventioneller Krieg
- Invasion
- Einsatz von Massenvernichtungswaffen

Der Informationskrieg: Eine unsichtbare Bedrohung

In der heutigen digital vernetzten Welt ist der Informationskrieg zu einer der gefährlichsten und effektivsten Formen der modernen Kriegsführung geworden. Staaten, Organisationen und Interessengruppen nutzen gezielt Fehlinformationen, Propaganda und Fake News, um Gesellschaften zu destabilisieren, politische Entscheidungen zu beeinflussen und ihre eigenen Interessen durchzusetzen. Während traditionelle Kriege mit Waffen geführt werden, findet der Informationskrieg in den Köpfen der Menschen statt – subtil, oft unbemerkt und mit langfristigen Folgen. Doch was genau ist der Informationskrieg, wie funktioniert er und wie kann man sich dagegen schützen?

Die Mechanismen des Informationskriegs

Der Informationskrieg basiert auf der gezielten Verbreitung von Fehlinformationen und der Manipulation der öffentlichen Meinung. Dabei kommen verschiedene Methoden zum Einsatz. Eine der häufigsten ist die Verbreitung von Fake News und Desinformation, also absichtlich verfälschte oder aus dem Zusammenhang gerissene Informationen, die durch soziale Medien oder Nachrichtenportale gestreut werden. Ziel ist es, Misstrauen zu säen, Feindbilder aufzubauen und die Gesellschaft zu spalten.

Ein weiteres zentrales Element ist die Propaganda, die oft durch nicht staatlich kontrollierte Medien oder anonyme Internetplattformen verbreitet wird. Sie zeichnet sich durch übertrieben einseitige Darstellungen und eine gezielte Emotionalisierung aus. Durch wiederholte Botschaften soll das Publikum in eine bestimmte Richtung gelenkt werden, mit dem Ziel, Angst oder Hass gegen eine bestimmte Gruppe oder Nation zu schüren.

Mit der zunehmenden Digitalisierung ist auch die Manipulation in sozialen Medien ein wichtiges Instrument des Informationskriegs geworden. Hier kommen sogenannte Bots und Trolle zum Einsatz – automatisierte Programme oder bezahlte Nutzer, die politische Diskussionen in eine bestimmte Richtung lenken. Sie treten oft zu Hunderten auf und erzeugen so künstlich Trends, verbreiten Gerüchte und verstärken bestimmte Meinungen, um den Eindruck zu erwecken, dass eine Mehrheit diese Ansichten teilt.

Die Folgen des Informationskriegs sind weitreichend. Er untergräbt das Vertrauen der Bevölkerung in demokratische Institutionen, politische Lager radikalisieren sich und Gesellschaften werden tief gespalten. Ein Beispiel hierfür ist die gezielte Beeinflussung von Wahlen durch soziale

Medien, wie es in den USA, Großbritannien oder Deutschland mehrfach beobachtet wurde.

Zudem kann Informationskrieg dazu genutzt werden, reale militärische Konflikte vorzubereiten oder zu legitimieren. Im Vorfeld von Kriegen oder internationalen Krisen werden oft gezielt Fehlinformationen verbreitet, um Gegner als Bedrohung darzustellen und die eigene Bevölkerung auf eine bestimmte Haltung einzustimmen. So spielte etwa Propaganda eine entscheidende Rolle in den Konflikten in Syrien, der Ukraine oder im Nahen Osten.

Um sich gegen die Manipulation durch den Informationskrieg zu wappnen, sind mehrere Maßnahmen notwendig. An erster Stelle steht die Medienkompetenz. Wir Menschen sollten lernen, Informationen kritisch zu hinterfragen, verschiedene Quellen zu vergleichen und uns nicht von reißerischen Schlagzeilen oder emotionalisierten Botschaften blenden zu lassen. Es ist wichtig, seriöse Nachrichtenquellen von unseriösen zu unterscheiden und Falschmeldungen durch Faktenchecks zu entlarven. Durch die Entwicklung von KI Tools, die auf Knopfdruck ein destruktives Foto oder Video von jedem Politiker oder einen erfundenen Skandal täuschend echt erzeugen können, stehen wir hier vor der Aufgabe, uns nicht durch gut gemachte Tricks blenden zu lassen. Zudem müssen wir lernen, verantwortungsvoll mit Informationen umzugehen. Nicht alles sofort teilen, was man liest, sondern erst prüfen, ob die Quelle glaubwürdig ist. Eine einfache Google-Suche oder der Abgleich mit anderen Nachrichtenportalen kann helfen, Desinformation zu erkennen.

Auch der bewusste Umgang mit sozialen Medien ist von Bedeutung. Auffällige Profile mit extremen oder wiederholenden Inhalten sollten skeptisch betrachtet werden, da Sie oft Teil koordinierter Manipulationskampagnen sind.

China, Russland, der Iran und viele andere Staaten und Organisationen betreiben tausende, wenn nicht Millionen automatisierte Fake Accounts. Wir sollten uns dessen täglich aufs Neue bewusst werden. Seriös wirkende Beiträge werden von Bots generiert, in Foren geschleust, von anderen Bots gelikt. Der Eindruck soll geweckt werden, dass dies die gängige Meinung ist, man einer Gruppe Gleichgesinnter angehört, sobald man sich dieser Meinung anschließt. Mit gezielter Desinformation werden Gruppen gegeneinander ausgespielt sowie feindliche Lager generiert und intensiviert, mit dem Ziel den gesellschaftlichen Konsens in den demokratischen Ländern zu zerstören. Solcherart Kriegsführung ist nur in Ländern mit freien Medien möglich, anderenorts unterliegt das Internet strengster Zensur, das heißt, die Waffe ist ausnahmslos auf uns gerichtet.

Der Informationskrieg ist eine der größten Herausforderungen unserer Zeit. Während traditionelle Kriege sichtbare Schäden hinterlassen, sind die Folgen des Informationskriegs oft schwerer zu erkennen – doch Sie sind nicht weniger zerstörerisch. Er bedroht Demokratien, destabilisiert Gesellschaften und kann so den Weg für reale militärische Konflikte ebnen. Um sich dagegen zu schützen, braucht es kritisches Denken, Medienkompetenz und eine erhöhte Sensibilität für digitale Manipulation. Jeder Einzelne trägt Verantwortung, Desinformation nicht weiterzuverbreiten und sich bewusst mit Informationen auseinanderzusetzen. Nur so kann verhindert werden, dass der Informationskrieg zu einer noch größeren Bedrohung für unsere Gesellschaft wird. Social Media ist eine Pistole, die wir an unseren Kopf halten, wer die Patrone einlegt, lässt sich nicht immer feststellen. Ist das Video, in dem der Imam zum Terroranschlag in Deutschland aufruft echt, vom Iran gemacht, vom russischen Geheimdienst inszeniert, oder von einem staatlichen chinesischen Programmierer erstellt, um in Deutschland Angst zu erzeugen und so unser Land zu schwächen und letztlich die Wehrkraft zu zersetzen?

Der Infokrieg gegen Sie findet jetzt statt, deshalb müssen Sie jetzt handeln.

- Sie brauchen niemanden etwas getan zu haben, um als Feind in Frage zu kommen.

- Der Infokrieg hat keine Uniform, Sie können nicht erkennen, wer uns angreift. Es ist schon schwer genug, zu erkennen, dass es ein subversiver Angriff ist.
- Wir haben die ersten Runden im Infokrieg verloren, wir müssen noch lernen, uns geistig zu verteidigen.

Es hat logischerweise keinen Sinn zu fliehen oder den Ort zu wechseln, das Internet ist überall. Sie müssen nicht den Ort, sondern die Art und Weise, wie Sie leben, ändern, um hier weniger verwundbar zu sein. Am besten ist, Sie deinstallieren Tic-Toc und Telegram, WeChat, Kaspersky und Yandex, denn diese Apps sind ein No-Go. Diese Firmen gehören Ländern, die uns angreifen und gezielt Informationskampagnen gegen uns fahren. Auch Instagram, Youtube und Facebook sind nicht viel besser: Aufgrund Ihres Surfverhaltens werden Sie mit der passenden Information versorgt, für die jemand am meisten bezahlt hat. Geben Sie sich ein kurzes Zeitlimit, um selbst zu bestimmen, wieviel Sie davon täglich konsumieren. Lesen Sie besser ein Buch von einem renommierten Verlag zu einem Thema oder abonnieren Sie eine gute Wochenzeitung, um aus der Sie attackierenden Blase herauszukommen.

- **Beschränken** Sie ihre digitale Zeit.
- **Löschen Sie Apps** aus totalitären Ländern.
- Informieren Sie sich über die Möglichkeit, mit KI täuschend echte Bilder auf Knopfdruck erzeugen zu können. **Gefakte Bilder kann man heute nicht mehr von echten Bildern unterscheiden.**
- Lesen Sie lieber ein Buch als eine Gratiszeitung.
- Gehen Sie statt auf Social Media zu den Nachbarn zum Reden. Laden sie Freunde ein statt Follower.
- Überlegen Sie, ob in ihrem Leben wirklich so viel schreckliches passiert, wie die Medien suggerieren? Warum lese ich das überhaupt? Bin ich **süchtig nach schlechten Nachrichten**?
- **Verteidigen Sie Demokratie und Rechtsstaat**, der Ihnen unsere Lebensweise ermöglicht und kämpfen Sie gegen die Propaganda von „wir brauchen einen starken Mann" zumindest innerhalb ihrer Familie.
- **Fake News** sind kein Irrtum, es ist **ein psychologischer Angriff**, blockieren sie Verbreiter von Fake News.
- **Internetplattformen müssen haften,** wenn sie Verbotenes verbreiten.

Der Cyberkrieg und Spionage

Im Zeitalter der Digitalisierung hat sich der Krieg von Schlachtfeldern in den virtuellen Raum verlagert. Der Cyberkrieg ist eine der größten Bedrohungen unserer modernen Welt, da er keine physischen Grenzen kennt und sich gegen Staaten, Unternehmen, aber auch Einzelpersonen richtet. Während klassische Kriege durch Waffen und Soldaten geführt werden, nutzen Angreifer im Cyberkrieg Schadsoftware, Hackerangriffe und Desinformation, um ihre Ziele zu erreichen. Die Auswirkungen sind oft nicht unmittelbar sichtbar, können aber verheerend sein – von der Manipulation politischer Prozesse bis hin zum vollständigen Zusammenbruch kritischer Infrastrukturen. Doch wie funktioniert der Cyberkrieg, welche Risiken birgt er und wie kann man sich davor schützen?

Cyberkrieg umfasst eine Vielzahl von Angriffstechniken, die gezielt eingesetzt werden, um Schaden anzurichten oder Kontrolle über digitale Systeme zu gewinnen. Ein klassisches Mittel sind Hackerangriffe auf kritische Infrastruktur, bei denen Stromnetze, Wasserwerke, Krankenhäuser oder Verkehrsleitsysteme lahmgelegt werden. Ein solcher Angriff kann nicht nur Chaos verursachen, sondern auch das öffentliche Leben gefährden und eine Gesellschaft destabilisieren.

Ein weiteres zentrales Element ist die Cyber-Spionage, bei der Staaten oder Organisationen versuchen, sensible Informationen zu stehlen. Militärische Geheimnisse, wirtschaftliche Daten oder politische Strategien gelangen durch gezielte Angriffe auf Regierungsbehörden oder Unternehmen in die Hände feindlicher Mächte. Besonders gefährlich ist dies im militärischen Bereich, da Angreifer frühzeitig Informationen über Waffensysteme oder Truppenbewegungen erhalten können und es daher im Kriegsfall zu hohen Opfern unter unseren Truppen führt.

Eine häufige Form der Cyberkriegsführung sind auch DDoS-Angriffe (Distributed Denial of Service). Hierbei werden Webseiten, Banken oder Regierungsportale durch eine künstlich erzeugte Überlastung von Servern unbrauchbar gemacht. Solche Angriffe werden oft genutzt, um öffentliche Dienste zu blockieren oder Wahlen und politische Prozesse zu stören.

Ein bekanntes Beispiel für Cyberkrieg ist der Stuxnet-Virus, der mutmaßlich von den USA und Israel entwickelt wurde, um das iranische Atomprogramm zu sabotieren. Auch die russischen Cyberangriffe auf die Ukraine oder chinesische Hackerangriffe auf westliche Unternehmen zeigen, wie gefährlich digitale Kriegsführung geworden ist. Allerdings verschweigen unsere Firmen meistens, dass Sie erfolgreich angegriffen wurden - aus Angst vor Vertrauensverlust der Kunden und Investoren.

Der Cyberkrieg stellt eine unsichtbare, aber reale Bedrohung für moderne Gesellschaften dar. Ein erfolgreicher Angriff auf kritische Infrastrukturen kann Millionen von Menschen betreffen und das öffentliche Leben massiv einschränken. Stromausfälle, gestörte Kommunikationssysteme oder lahmgelegte Krankenhäuser haben dann direkte physische Konsequenzen.

Besonders gefährlich ist die Beeinflussung politischer Prozesse. Durch gezielte Desinformation oder Cyberangriffe auf Wahlsysteme können demokratische Entscheidungen manipuliert werden. Die Einmischung Russlands in die US-Präsidentschaftswahl 2016 oder die massenhafte Verbreitung von Fake News in Europa zeigen, dass Cyberkrieg längst Teil des geopolitischen Machtkampfs ist.

Auch wirtschaftliche Schäden sind enorm. Unternehmen sind zunehmend Opfer von Ransomware-Angriffen, bei denen Hacker Systeme verschlüsseln und Lösegeld fordern. Besonders betroffen sind Banken, Industrieanlagen und Technologieunternehmen, deren Daten oder Produktionsprozesse durch Cyberangriffe manipuliert oder blockiert werden.

Angesichts der wachsenden Bedrohung durch Cyberkriegsführung ist es entscheidend, sich sowohl als Staat, als

Unternehmen, als auch als Einzelperson zu schützen. Eine der wichtigsten Maßnahmen ist die Cyber-Sicherheit auf nationaler Ebene. Staaten müssen in sichere IT-Systeme investieren, kritische Infrastrukturen besser absichern und Spezialisten ausbilden, um Angriffe frühzeitig zu erkennen und abzuwehren.

Aber auch Einzelpersonen können sich und Ihre Firma schützen, indem Sie digitale Sicherheit ernst nehmen. Mehrfaktor-Authentifizierung, der bewusste Umgang mit sozialen Medien und das kritische Hinterfragen von Informationen sind essenziell, um nicht Opfer von Cyberangriffen zu werden. Phishing-Mails sollten sorgfältig geprüft werden, und verdächtige Links oder Anhänge dürfen nicht leichtfertig geöffnet werden. Rufen Sie bei ihrer Bank an, wenn Ihnen eine Aufforderung komisch vorkommt.

Cyberkrieg ist und bleibt eine der größten Herausforderungen des 21. Jahrhunderts. Der Schutz vor Cyberkriegsführung erfordert eine Kombination aus technologischen, politischen und gesellschaftlichen Maßnahmen. Staaten müssen ihre Cyberabwehr stärken, Unternehmen ihre Sicherheitsstrategien verbessern und Einzelpersonen bewusster mit digitalen Informationen umgehen.

Die Zukunft der Kriegsführung liegt nicht nur auf dem Schlachtfeld, sondern auch in den digitalen Netzwerken der Welt. Wer sich dieser Realität nicht stellt, ist eine hilflose Zielscheibe dieses unsichtbaren, aber hochgefährlichen Krieges. Was kann man tun? An der Sicherheit der digitalen Prozesse können Sie nicht viel verändern. Scannen Sie Ihren Computer regelmäßig auf Viren, öffnen Sie keine Anhänge, wenn nicht unbedingt notwendig. Erstellen Sie zwei Bankkonten bei zwei verschiedenen Banken und teilen Sie Ihr Erspartes auf. Sichern Sie Ihre Bankdaten oder andere Daten auch durch gelegentliches Ausdrucken, so haben Sie im Fall einer späteren Manipulation Beweise zur Hand. Setzen Sie sich eine wiederkehrende Erinnerung, Ihre digitalen Daten auf eine externe Festplatte zu sichern. Erstellen Sie eine Liste von Daten, die sie vermissen oder dringend benötigen würden, wenn diese durch Hackerangriffe unwiederbringlich verloren gehen sollten. Sichern Sie diese Daten - wie beispielsweise Fotos, Emails, Passwörter und Accounts - regelmäßig auf eine externe Festplatte.

Den größten Einfluss haben Sie in Ihrer Firma, werden Sie dort aktiv und bringen Sie das Thema regelmäßig zur Sprache. Firmen und Behörden sind das Hauptziel aller Cyberattacken und Spionage. Was würde es für Ihre Firma bedeuten, wenn alle Produktdaten, Kundennummern, Gewinnmargen oder alle laufenden Angebote bei einem Mitbewerber landen würden, der Beziehungen zum Angreifer hat? Häufig installieren die Angreifer nur ein Backdoor, um vorerst heimlich Daten abzugreifen und diese zu nutzen, oder im entscheidenden Moment das System lahmzulegen und der Firma damit irreparablen Schaden zuzufügen.

- **Computer updaten**, keine veralteten Betriebssysteme verwenden.
- Nur notwendige Apps am Handy installieren.
- **Nur Apps** aus dem offiziellen App-store verwenden.
- **Niemals Passwörter** oder Pins **am Telefon** bekanntgeben.
- **Bei verdächtigen Anrufen** misstrauisch sein – Kriminelle geben sich als Banken, Polizei oder Techniker aus. **Legen Sie auf**, recherchieren Sie die offizielle Telefonnummer (Internet, Vertragsunterlagen) und rufen zurück.
- **Wichtige Daten** auf einem sicheren externen Speichermedium **sichern.**
- **Lange Passwörter** (mind. 12 Zeichen) mit Groß-/Kleinschreibung, Zahlen & Sonderzeichen nutzen.
- Keine Wiederverwendung von Passwörtern! Jedes Konto braucht **ein eigenes Passwort**.
- **Zwei-Faktor-Authentifizierung** (2FA) aktivieren
- Bei **zwei** verschiedenen **Banken** ein Konto haben.

Staatlicher Terrorismus

Terrorismus ist eine der gravierendsten Bedrohungen, der Zivilisten heute bei uns ausgesetzt sind. Durch gezielte Gewaltakte versuchen Terroristen, Angst zu verbreiten, politische oder ideologische Ziele durchzusetzen und Gesellschaften zu destabilisieren. Die Motive sind unterschiedlich, doch das Ziel bleibt stets dasselbe: Schrecken zu erzeugen und Einfluss zu gewinnen.

Terrorismus kann als der gezielte Einsatz von Gewalt oder die Androhung von Gewalt definiert werden, um politische, religiöse oder ideologische Ziele zu erreichen. Im Gegensatz zu konventioneller Kriegsführung greifen Terroristen vor allem Zivilisten an, um maximale mediale Aufmerksamkeit zu erzielen und Angst in der Gesellschaft zu verbreiten. Dabei können verschiedene Methoden zum Einsatz kommen, darunter Sprengstoffanschläge, Geiselnahmen, Attentate oder Cyber-Terrorismus. Das Töten von Zivilisten ist dabei nur Mittel zum Zweck, die Reaktion, die auf einen Terroranschlag folgt, ist das eigentliche Ziel. Angestrebt werden Einschränkungen der Bewegungsfreiheit der Bevölkerung, um den Staat schwach erscheinen zu lassen und so zu einem totalitären und damit ineffizienten Gesellschaftssystem zu kommen.

Die Ursachen für Terrorismus sind vielfältig. Politische Unterdrückung, soziale Ungleichheit, religiöser Extremismus oder geopolitische Konflikte spielen bei der Rekrutierung von Terroristen eine entscheidende Rolle. Menschen, die sich von der Gesellschaft ausgeschlossen fühlen oder wirtschaftlich und sozial benachteiligt sind, sind anfällig für extremistische Ideologie. Gleichzeitig nutzen Terrorgruppen gezielt Propaganda, insbesondere über soziale Medien, um neue Anhänger zu rekrutieren und ihre Ideologien zu verbreiten. Internationale Konflikte, militärische Interventionen und staatlich gesteuerte Kampagnen tragen oft dazu bei, dass terroristische Gruppen entstehen oder sich weiterentwickeln.

Die Auswirkungen des Terrorismus sind tiefgreifend. Neben dem Verlust von Menschenleben und der Zerstörung von Infrastruktur hinterlassen Anschläge oft bleibende psychologische Spuren in der Bevölkerung. Regierungen antworten auf Terroranschläge häufig mit strengeren Sicherheitsgesetzen, welche die bürgerlichen Freiheiten einschränken. Zudem kann Terrorismus zur gesellschaftlichen Spaltung beitragen, indem er Misstrauen zwischen verschiedenen Gruppen schürt und Polarisierung fördert. Wirtschaftlich gesehen verursacht Terrorismus meist erhebliche Schäden, insbesondere wenn gezielt Finanzzentren, touristische Einrichtungen oder wichtige Infrastrukturen angegriffen werden.

Der Kampf gegen den Terrorismus erfordert eine Kombination aus staatlichen, gesellschaftlichen und individuellen Maßnahmen. Auf staatlicher Ebene sind internationale Zusammenarbeit der Geheimdienste, Regulierung der Social Media, Haftung der Internetplattformen für die Inhalte, die sie verbreiten, Deradikalisierungsprogramme und verbesserte Sicherheitsmaßnahmen essenziell. Geheimdienste und Strafverfolgungsbehörden müssen Informationen teilen, um Anschläge frühzeitig zu verhindern. Gleichzeitig ist es wichtig, Präventionsprogramme zu entwickeln, die gefährdete Personen von extremistischen Ideologien fernhalten.

Unternehmen und Medien spielen ebenfalls eine Schlüsselrolle. Die Bekämpfung von Online-Propaganda ist entscheidend, da Terrorgruppen das Internet gezielt für Rekrutierung und Radikalisierung nutzen. Soziale Netzwerke und Plattformen müssen strenger gegen extremistische Inhalte vorgehen. Gleichzeitig müssen Unternehmen ihre Cybersicherheit verbessern, um sich vor möglichen Cyber-Terrorismusangriffen zu schützen.

Auch Einzelpersonen können zur Terrorismusbekämpfung beitragen. Wachsamkeit im öffentlichen Raum, ein kritischer Umgang mit Informationen und das Verhindern von Desinformation sind wichtige Faktoren. Jeder kann dazu beitragen, radikalen Ideologien entgegenzuwirken, indem er sich für Dialog, Integration und gesellschaftlichen

Zusammenhalt einsetzt und diese Prinzipien auch in die Tat umsetzt. Terroristen versuchen, Gesellschaften zu spalten – wer sich für Zusammenhalt und friedliche Lösungen engagiert, arbeitet aktiv gegen den Terrorismus.

Zusammenfassend lässt sich sagen, dass Terrorismus eine komplexe Herausforderung ist, die nicht allein durch militärische oder polizeiliche Maßnahmen gelöst werden kann. Es erfordert eine langfristige Strategie, die die Auftraggeber ausschaltet oder ihre Kommunikationswege erschwert und bestenfalls unterbindet. Die beste Verteidigung gegen Terrorismus ist eine starke, resiliente Gesellschaft, die sich nicht durch Angst spalten lässt.

Bekämpfen können Sie Terrorismus nicht, die Verfügbarkeit von Waffen für jedermann hat die USA nicht zu einem sicheren Land gemacht. Gegen einen Bombenanschlag hilft auch keine eigene Pistole. Waffenverbote helfen auch nicht gegen Messerattacken. Wenn Sie nicht mehr auf Weihnachtsmärkte und Volksfeste gehen, haben die Auftraggeber der Terroristen gesiegt. Leider sind Menschenansammlungen oder öffentliche Verkehrsmittel vorerst die wichtigsten Ziele von Terroristen in Europa. Halten Sie sich bei Menschenansammlungen in der Nähe von Notausgängen auf, bei touristischen Hotspots oder religiösen Einrichtungen beobachten Sie zuerst die Lage einige Minuten, bevor Sie näherkommen und überlegen Sie, wo es Deckung oder einen geschützten Rückweg gibt.

Bombenanschläge werden oft auch mit zwei Bomben durchgeführt. Dabei detoniert die zweite Bombe erst einige Zeit später, um so auch noch besonders viele Helfer zu töten. Entweder leisten sie Erste Hilfe, oder sie verlassen sofort den Ort des Anschlags, bleiben sie keinesfalls als Schaulustiger, sondern gehen Sie an einen entfernteren Ort, wo sich nicht viele Menschen aufhalten und warten Sie ab. Der unmittelbare Gefahrenbereich bei Explosionen ist:

- Kleine Sprengsätze (z. B. Rohrbomben, **Handgranaten**): Gefährlicher Bereich: 5–50 m
- Mittlere Sprengsätze (z.B. **Rucksackbomben, Autobomben**, 5–50 kg Sprengstoff): Gefährlicher Bereich: 50–200 m
- Große Sprengsätze (z.B. **LKW-Bomben**, über 100 kg Sprengstoff): Gefährlicher Bereich: 500–1000 m

Anschläge auf Kinder oder Schulen gehören zu den Albträumen aller Eltern. Haben Sie schon jugendliche Kinder, sollten Sie mit Ihnen darüber reden. Wenn Sie nicht über Schulmassaker reden wollen, lassen Sie Ihre Kinder mit ihrer Angst alleine, denn solche Nachrichten bleiben nicht vor Ihren Kindern verborgen. Besprechen Sie am besten anlassbedingt, wie man sich in einer solchen Situation verhält. In Klassenzimmern ist es ratsam, die Tür zu verriegeln oder Tische davorzuschieben. Eine Tür ist nicht schusssicher, daher sollte man sich nicht von innen dagegen lehnen, wenn Schüsse fallen. Besprechen Sie mit Ihren Kindern verschiedene Szenarien. Im Erdgeschoss kann man beispielsweise aus dem Fenster flüchten. Überlegen Sie mit Ihren Kindern gemeinsam, ob das im 1. Stock auch noch möglich ist.

- **Bei Veranstaltungen** in der Nähe von **Notausgängen** bleiben.
- Bei Märkten **nicht straßenseitig essen** und von der Hauptstraße wegbleiben.
- Auf Flughäfen und Bahnhöfen die **Eingangshalle schnell durchqueren**.
- **Melden Sie** verdächtiges Verhalten an die Behörden.
- Wenn Flucht nicht möglich ist, dann **Türen verriegeln oder verrammeln**, Licht ausschalten und leise bleiben.
- Wenn keine andere Option bleibt, dann Gegenstände als Waffen nutzen und gemeinsam den Angreifer überwältigen.
- Bei Schüssen **sofort Deckung suchen** – hinter stabilen Wänden oder Möbeln, lieber einmal im Dreck liegen als unter der Erde.
- Verhalten bei Anschlägen **mit Ihren Kindern** besprechen.

Sabotage

Sabotage ist eine gezielte Handlung, die darauf ausgerichtet ist, Strukturen, Maschinen oder Systeme zu stören, zu zerstören oder zu manipulieren. In einer zunehmend vernetzten und technisierten Welt hat Sabotage eine neue Dimension erreicht, die weit über materielle Schäden hinausgeht und auch digitale, wirtschaftliche sowie psychologische Aspekte umfasst. Die Maschinen und Fabriken sind heute deutlich komplexer als früher, die Lagerhaltung von Vorprodukten und Ersatzteilen ist hingegen auf ein Minimum reduziert worden. So kann die Zerstörung von nur einem Bereich oft die gesamte Fabrik zum Stillstand bringen und die Reparatur kann lange dauern.

Die klassische Sabotage ist schon lange eine Begleiterscheinung der Kriegsführung. Sie reicht von der Zerstörung kritischer Infrastruktur wie Stromnetzen, Eisenbahnen oder Industrieanlagen bis hin zur absichtlichen Manipulation von Maschinen oder Versorgungsketten. Besonders in Konfliktsituationen oder bei politischen Machtspielen kann Sabotage dazu genutzt werden, Produktionsprozesse zu unterbrechen oder Logistikwege zu blockieren. Unternehmen und Staaten müssen deshalb Strategien entwickeln, um solche Angriffe zu verhindern.

Besonders sensible Bereiche wie Finanzsysteme, Kommunikationsnetze oder Energieversorger sind potenzielle Ziele. Schutzmaßnahmen gegen solche Bedrohungen umfassen den Einsatz moderner Verschlüsselungstechnologien, regelmäßige Sicherheitsupdates sowie Schulungen für Mitarbeiter um ausspähende Aktivitäten vor Angriffen zu erkennen.

Der Schutz vor Sabotage erfordert eine umfassende Sicherheitsstrategie, die auf verschiedene Ebenen abgestimmt ist. Neben baulicher Schutzmaßnahmen ist auch die Sensibilisierung der Bevölkerung und von Unternehmen entscheidend. Firmen und Infrastrukturbetreiber werden nicht umhinkommen, Gebäude zu schützen, flächendeckend Überwachungskameras mit Gesichtserkennung einzusetzen, oder Wachdienste zu beschäftigen.

Das Ziel von Sabotageaktionen werden nur in den seltensten Fällen Sie persönlich sein, vielmehr geht es wie zuletzt in der Ostsee um das Zerstören von Pipelines und Unterseekabeln, um uns von Rohstoffen, Energie oder digitalen Dienstleistungen abzuschneiden. Damit entsteht in unserer Wirtschaft ein immenser direkter Schaden. Zusätzlich muss unser Staat viel Geld in die Hand nehmen, um Militär und Polizei in die Lage zu versetzen, diese Sabotageaktionen unterbinden zu können. Ansonsten werden wir früher oder später wirtschaftlich in die Knie gezwungen und müssen vor den Forderungen unserer Feinde kapitulieren.

Als Einzelperson können Sie sich nicht direkt vor Sabotage, sondern nur vor deren Auswirkungen schützen. Legen Sie Vorräte an Wasser und sonstigen lebenswichtigen Dingen an, um gegen Ausfälle aller Art gewappnet zu sein. Bringen Sie als Mitarbeiter das Thema zur Sprache, denn oft fehlt die Vorstellung oder die Zeit sich mit möglicher Sabotage auseinanderzusetzen. Zugangsbeschränkungen in wichtige Anlagenteile, eine Alarmanlage, eine Eingangskontrolle oder mehrere verschlossene Türen können die Auswirkungen einer Sabotage vermindern. Fragen Sie bei ihrer Gemeinde nach, wie die Wasserversorgung gegen Sabotage gesichert ist, so starten Sie Denkprozesse der Verantwortlichen.

- Direkter Schutz **von Einzelpersonen** ist schwierig, aber Vorsorge durch Vorräte und Sicherheitsmaßnahmen im Unternehmen sind sinnvoll.
- **Besonders gefährdete Bereiche**: Finanzsysteme, Kommunikationsnetze, Energieversorgung.
- **Verwundbarkeit moderner Systeme**: Komplexe Maschinen und reduzierte Lagerhaltung machen Industrieanlagen anfällig.
- **Schutzmaßnahmen**: Verschlüsselungstechnologien, Sicherheitsupdates, Mitarbeiterschulungen, Überwachung und Zugangskontrollen.

- Die gewohnte Infrastruktur wie Strom, Bahn und Banken kann ohne **Vorwarnung längere Zeit lahmgelegt** sein.

Der Abwehrkampf

Ein militärischer Angriff auf die Europäische Union ist ein Szenario, das lange Zeit als unwahrscheinlich galt. Doch durch geopolitische Spannungen mit China, der Invasion Russlands in die Ukraine und neue Formen der Kriegsführung ist die Gefahr eines konventionellen oder hybriden Angriffs auf die EU erheblich gestiegen. Ein solcher Angriff kann durch eine Bodeninvasion, Raketenangriffe und/oder Luftangriffe, gepaart mit gezielten Sabotageakten erfolgen. Die Reichweite von heutigen Drohnen, Marschflugkörpern und Mittelstreckenraketen ermöglicht, auch Gebiete weit im Inneren der EU zu treffen. Diese Systeme stehen heute in großer Zahl im Einsatz, auch bei Separatisten und Terrorgruppen. So griffen die Huti-Rebellen aus dem Jemen das über 2000 km entfernte Israel an. Das entspricht in etwa der Distanz Libyen - Deutschland. Russlands Grenzen sind weniger als 1500 km entfernt. Durch wen oder wie genau ein Angriff auf die EU oder Ihr Heimatland starten und ablaufen wird, wissen wir nicht, deshalb planen wir allgemein. Ein konventioneller Angriffskrieg auf die EU wird nicht am Bodensee starten, sondern an den Außengrenzen beginnen, das heißt, zuerst werden Angriffe aus der Luft stattfinden, Bodenkampfhandlungen aber nicht gleich bei Ihnen zuhause stattfinden. Um auf eine solche Situation bestmöglich vorbereitet zu sein, sind klare Handlungsstrategien notwendig, die sich an Ihrer individuellen Ausgangslage orientieren.

Sobald ein Angriff beginnt, ist es wichtig, Ruhe zu bewahren und besonnen zu handeln. Falls Sirenen ertönen oder Sie durch staatliche Meldungen am Handy auf einen Luftangriff oder eine Notfallsituation hingewiesen werden, sollten Sie sofort Schutz in stabilen Gebäuden, Kellern oder, wenn vorhanden, offiziellen Schutzräumen suchen. Stehen Sie nicht am Fenster, um sich vor Druckwellen oder Trümmern zu schützen. Falls kein Schutzraum vorhanden ist, bieten Badezimmer oder Innenräume ohne Fenster den besten Schutz. Sind Sie im Freien, nutzen Sie jede sich bietende Deckung aus, um Schutz vor Splitter zu haben. Die Mitgliedsstaaten der EU haben ein Warnsystem auf Grundlage der Cell Broadcast-Technologie umgesetzt, damit können an alle Mobiltelefone an einem gefährdeten Ort Warnnachrichten gesendet werden.

Es gibt verschiedene Sirenensignale, die auf Gefahren wie Katastrophen, Großbrände oder im schlimmsten Fall auf Angriffe hinweisen. Leider hat jedes Land seine eigenen Sirenensignale und die Bedeutung kann sich unterscheiden. Hier sind die wichtigsten Signale und ihre Bedeutung:

Deutschland:
An- und abschwellender Heulton, 1 Minute:
- Allgemeine Gefahrenwarnung, z. B. bei schweren Unwettern, Chemieunfällen oder einem militärischen Angriff.
- Dieses Signal fordert Sie auf, Schutz zu suchen, Radio oder Warn-Apps zu nutzen und auf Anweisungen der Behörden zu achten.

Dreimal Heulton, je 12 Sekunden:
- Warnung vor einer Gefahr, bei der Feuerwehr und Rettungsdienste alarmiert werden.

Durchgehender Dauerton, 1 Minute:
- Entwarnung, die akute Gefahr ist vorüber.

Österreich:
Durchgehender Dauerton, 3 Minuten:
- Warnung vor einer herannahenden Gefahr.

An- und abschwellender Heulton, 1 Minute:
- Alarm, Schutzräume aufsuchen.

Dreimal Heulton, je 12 Sekunden:
- Warnung vor einer Gefahr, bei der Feuerwehr und Rettungsdienste alarmiert werden.

Durchgehender Dauerton, 1 Minute:
- Entwarnung, die akute Gefahr ist vorüber.

Schweiz:
An- und abschwellender Heulton, 1 Minute:
- Allgemeine Gefahrenwarnung, z. B. bei schweren Unwettern, Chemieunfällen oder einem militärischen Angriff.
- Dieses Signal fordert Sie auf, Schutz zu suchen, Radio oder Warn-Apps zu nutzen und auf Anweisungen der Behörden zu achten.

Dreimal Tiefer Ton, je 20 Sekunden:

- Wasseralarm, Flutwelle durch gebrochenen Stau-
damm.

Ob oder wie lange die Vorwarnzeit für Zivilisten sein wird, lässt sich leider nicht pauschal beantworten. Israel ist mit Marschflugkörpern und Drohnen vom Jemen und dem Iran angegriffen worden, dabei gab es zum Teil Vorwarnzeiten von Stunden. Mittelstreckenraketen aus denselben Ländern haben allerdings nur eine Flugzeit von wenigen Minuten, entsprechend kurz waren die Vorwarnzeiten. Alle diese Flugkörper sind im Grunde selbststeuernde Bomben, doch die Wahl der Antriebstechnologie führt zu erheblichen Unterschieden in der Vorwarnzeit. Vereinfacht gesagt, sind Drohnen meist mit einem Kolbenmotor und Propeller ausgestattet, fliegen in geringer Höhe und überschreiten selten 300 km/h. Marschflugkörper hingegen verfügen in der Regel über ein Düsentriebwerk und erreichen Geschwindigkeiten zwischen 800 km/h und über 2000 km/h. Ballistische Raketen besitzen keine Tragflächen, nutzen nur beim Start einen Raketenmotor und beschleunigen auf weit über 5000 km/h.

Bei typischen Langstreckenwaffen ergeben sich folgende Gefahrenbereiche:

Ballistische Mittelstreckenraketen:

- **Sprengkopfgewicht:** 500 bis 1500 kg.

- **Zerstörungsradius:** Diese Sprengköpfe verursachen schwere Schäden in einem Umkreis von bis zu 500 Metern.
- **Flugzeit:** Einige Minuten.

Marschflugkörper:

- **Sprengkopfgewicht:** Bis 500 kg.
- **Zerstörungsradius:** Splitter in einem Umkreis von 100 bis zu 300 Metern.
- **Flugzeit:** Bis zu einer Stunde.

Mittlere Drohnen:

- **Sprengkopfgewicht:** 40–200 kg.
- **Zerstörungsradius:** Splitter in einem Umkreis von 100 Metern.
- **Flugzeit:** Mehrere Stunden.

Zwar können auch Wohngebiete gezielt angegriffen werden, wahrscheinlicher ist jedoch in den ersten Kriegswochen, dass militärische Ziele wie Kasernen und Flughäfen, Einrichtungen der Verwaltung, wie Ministerien, Landesregierungen und logistische Knotenpunkte wie Bahnhöfe und Brücken mit Langstreckenwaffen angegriffen werden. Halten Sie sich von solchen Zielen fern.

Ein militärischer Angriff und die begleitenden Cyberattacken können zur Unterbrechung der Strom- und Wasserversorgung führen. Daher muss sofort sparsam mit Ressourcen umgegangen werden. Kerzen, batteriebetriebene Lampen und Campingkocher sollten bereitstehen. Falls ihr Wasservorrat knapp wird, erkundigen Sie sich, wo es in ihrer Gegend eine Trinkwasserquelle oder Brunnen gibt. Fragen Sie ältere Menschen, die wissen so etwas eventuell. Die digitalen Kommunikationswege könnten abgeschaltet werden, weshalb Treffpunkte mit Familie oder Nachbarn jetzt abgesprochen werden sollten.

Bereits jetzt sollte jeder Mensch Vorsorgemaßnahmen treffen, um im Ernstfall eines militärischen Angriffs nicht unvorbereitet zu sein. Dazu gehört das Anlegen eines Notfallvorrats mit haltbaren Lebensmitteln, Wasser für mehrere Tage, Medikamente, wichtige Dokumente in Kopie und Bargeld. Ein Notfallrucksack sollte stets griffbereit sein, um jederzeit flüchten zu können. Die Kenntnis von Notunterkünften oder Schutzräumen in der eigenen Umgebung ist ebenso essenziell wie ein Plan, um dorthin zu gelangen.

Sollten Sie sich bei einem Angriff gerade im Auto befinden, versuchen Sie dieses ehestmöglich zu verlassen und wenn möglich ein Haus, eine Mauer oder sonst einen Schutz (z.b. Bodenmulde, unter einer Brücke, Straßengraben) aufzusuchen. Gleiches gilt, wenn Sie sich in freier Natur befinden. Die größte Gefahr geht für Sie von Splittern durch

Explosionen aus. Da die Explosionen in der Regel so stark sind, dass die Splitter Autoblech durchdringen, gilt: Je massiver die Mauer, desto besser.

In Kriegszeiten sind Gemeinschaft und gegenseitige Unterstützung von entscheidender Bedeutung, denn der Staat muss, um zu überleben, seine Ressourcen auf das Militär konzentrieren. Nachbarn sollten sich gegenseitig helfen, insbesondere ältere oder hilfsbedürftige Menschen dürfen nicht vergessen werden. Falls medizinische Versorgung benötigt wird und keine offiziellen Stellen erreichbar sind, können schon grundlegende Erste-Hilfe-Kenntnisse Leben retten.

Zusätzlich zur militärischen Bedrohung kann es zu massiven wirtschaftlichen Umwälzungen kommen: Der Großteil des globalen Handels erfolgt über die Seewege. Eine Unterbrechung des weltweiten Seeverkehrs würde zwangsläufig den Zusammenbruch internationaler Lieferketten und somit Versorgungsengpässe nach sich ziehen. Die Folgen wären Produktionsstopps, Firmeninsolvenzen und voraussichtlich steigende Arbeitslosigkeit.

Wenn Exportmärkte wegbrechen oder nicht mehr kosteneffizient erreicht werden können, muss die Wirtschaftsstruktur neu ausgerichtet werden – mit einem stärkeren Fokus auf die Inlandsnachfrage. Gleichzeitig werden staatliche Ausgaben vermehrt in verteidigungsrelevante

Bereiche umgeschichtet. Ein möglicher Arbeitsplatzverlust und sinkende Kaufkraft sind wirtschaftliche Folgen eines Kriegszustands. Gleichzeitig entstehen jedoch neue Arbeitsplätze – insbesondere in der Rüstungsindustrie, der Versorgung und Betreuung Verwundeter sowie als Ersatz für eingezogene Arbeitskräfte.

- **Steigende Bedrohung**: Geopolitische Spannungen, Russlands Invasion in die Ukraine und neue Kriegsformen erhöhen das Risiko eines Angriffs auf die EU.

- Wichtige Verhaltensregeln **bei Angriffen**: Ruhe bewahren, Schutz in stabilen Gebäuden oder Schutzräumen suchen, sich von Fenstern fernhalten.

- **Primäre Angriffsziele**: Militärische Einrichtungen, Regierungsgebäude, Infrastruktur wie Bahnhöfe und Brücken – diese Orte möglichst meiden.

- **Versorgungsengpässe**: Ein Angriff kann zu Strom-, Wasser- und Kommunikationsausfällen führen – sparsamer Umgang mit Ressourcen notwendig.

- **Schutzräume kennen**: Notunterkünfte und Schutzräume in der Umgebung identifizieren und einen Plan haben, wie man dorthin gelangt.

Im Kampfgebiet

Möglicherweise haben Sie den Zeitpunkt der Flucht verpasst. Falls es in der unmittelbaren Umgebung zu Kampfhandlungen kommt, sollte man sich nicht unnötig in Gefahr begeben. Auch wenn Sie noch keine Soldaten sehen, Sie aber Einschläge und Detonationen hören, befinden Sie sich möglicherweise bereits in Reichweite von Artillerie, Scharfschützen oder Drohnen. Moderne Waffen haben oft eine größere Reichweite, als man erwarten würde. Daher ist es ratsam, sich so schnell wie möglich in Sicherheit zu bringen, ohne dabei unüberlegt zu handeln. Denn jetzt zu fliehen ist eine gefährliche Entscheidung: Auf offener Straße sind Sie vollkommen ungeschützt und gut sichtbar. Ein Stau auf der Autobahn kann zur tödlichen Falle werden, da man weder vor noch zurückkann. Daher ist es wichtig, bereits im Vorfeld abzuwägen, wann der richtige Zeitpunkt zur Flucht sein könnte. Falls Kämpfe unmittelbar bevorstehen oder bereits begonnen haben, ist es oft sicherer, sich zu verstecken und zu warten, bis eine Fluchtmöglichkeit besteht.

Es ist ratsam, sich von Fenstern und offenen Flächen fernzuhalten und Schutz in stabilen Gebäuden oder Unterkünften zu suchen. Granatsplitter sind die häufigste Todesursache im Krieg. Keller oder tief liegende Räume ohne viele Außenwände bieten den besten Schutz vor den Folgen von

Splittern und Explosionen. Ein zuvor geplanter Schutzraum oder ein Versteck ist jetzt lebensrettend. Haben Sie vorher schon einen Plan für einen Rückzug in einen Schutzraum oder Versteck in der Nähe aufgestellt, ist jetzt die Zeit dazu ihn umzusetzen. Gehen Sie früh genug mit ihrer Familie den Plan für die Fluchtwege aus dem Gebäude oder andere Rückzugsmöglichkeiten durch..

Sollte es zu Straßenkämpfen kommen, ist es essenziell, unauffällig zu bleiben und keine Symbole oder Kleidung zu tragen, die auf eine politische Haltung oder militärische Zugehörigkeit hinweisen könnten. Eine schusssichere Weste schützt Ihre lebenswichtigen Organe gegen Geschosse und Splitter, andererseits macht es Sie verdächtig, kein Zivilist zu sein. Kämpfende Gruppen könnten Sie als Bedrohung wahrnehmen oder verdächtigen, für die andere Seite zu spionieren. Vermeiden Sie es, Fotos oder Videos aufzunehmen, da dies als Spionagetätigkeit interpretiert werden kann. Auch Handys sollten nur mit Bedacht genutzt werden, da elektronische Signale geortet werden können und Sie so ein Ziel für die Artillerie sind. In manchen Fällen kann es ratsam sein, das Handy auszuschalten oder den Flugmodus zu aktivieren, um nicht versehentlich geortet zu werden.

Die Versorgungslage wird sich rapide verschlechtern. Geschäfte werden kaum noch geöffnet haben, sodass Sie auf Ihre Vorräte angewiesen sind, die Sie hoffentlich rechtzeitig angelegt haben. Trinkwasser wird eventuell knapp und die Stromversorgung kann ausfallen. Da Ihr Trinkwasser nicht ewig reichen wird, sollten Sie über alternative Wasserquellen Bescheid wissen. Ein Notfallvorrat mit haltbaren Lebensmitteln, Medikamenten und Hygieneartikeln ist jetzt überlebenswichtig. Auch Werkzeuge wie ein Taschenmesser, eine Taschenlampe mit Ersatzbatterien und ein Kurbelradio sind wertvolle Hilfsmittel.

Medizinische Versorgung ist oft nur noch eingeschränkt oder gar nicht mehr verfügbar. Daher sollten Sie grundlegende Erste-Hilfe-Kenntnisse haben und eine gut ausgestattete Hausapotheke besitzen. Antibiotika, Schmerzmittel, Verbandsmaterial und Desinfektionsmittel können in einem Kriegsgebiet von unschätzbarem Wert sein. Möglicherweise müssen Sie verletzte Soldaten oder kranke Nachbarn versorgen.

Wenn eine Evakuierung angeordnet wird, sind offizielle Informationen über Radio, Fernsehen oder staatliche Warn-Apps zu beachten. Falls keine offiziellen Informationen verfügbar sind, kann es sinnvoll sein, bei Feuerwehr, oder Polizei sowie vertrauenswürdigen Kontakten an relevante Informationen zu gelangen. Wichtig ist es, nur das Nötigste mitzunehmen – einen gepackten Notfallrucksack mit Dokumenten, Medikamenten, Wasser und Nahrung – und sich an festgelegte Routen zu halten. Dadurch wird Chaos vermieden und sichergestellt, dass man nicht eigenen oder verbündeten Truppen in die Quere kommt. Auch sollte man sich über mögliche Gefahren auf den Fluchtrouten bewusst sein, etwa über Sperrzonen, Kontrollpunkte oder Kampfzonen. Diese Informationen sind allerdings schwer zu bekommen, und die Lage kann sich innerhalb kurzer Zeit ändern, denn während eines Krieges kann die Informationslage chaotisch sein. Falschinformationen und Propaganda sind weit verbreitet. Nutzen Sie mehrere Quellen, um sich ein möglichst objektives Bild der Lage zu machen. Falls das Internet ausfällt, sind batteriebetriebene oder Kurbelradios eine wertvolle Informationsquelle.

Falls Sie gezwungen sind, in einer gefährlichen Umgebung zu reisen, gehen Sie vorsichtig vor, befolgen Sie möglichst genau die Anweisungen. Informieren Sie auch vertrauenswürdige Personen über Ihre Pläne, damit sie wissen, wo Sie sich aufhalten. Falls möglich, reisen Sie in Gruppen, da dies die Sicherheit erhöht. Versuchen Sie, ruhig zu bleiben und rationale Entscheidungen zu treffen. Panik kann zu schlechten Entscheidungen führen. Falls Sie mit Familie oder einer Gruppe unterwegs sind, hilft es, klare Regeln und Abläufe zu besprechen. Halten Sie lieber regelmäßig inne und beobachten Sie die Umgebung, bevor Sie den nächsten Schritt gehen. Sie können einer feindlichen motorisierten Armee sowieso nicht davonlaufen.

Doch nicht nur die Vorbereitung auf eine eventuelle Flucht, sondern auch Vorsorge vor Plünderungen oder kriminellen Übergriffen, die in Krisenzeiten häufig vorkommen, sollten Sie treffen. Hier kann es helfen, Sicherheitsmaßnahmen für das eigene Zuhause zu treffen, etwa durch das Verstärken von Türen und Fenstern oder das Einrichten eines sicheren Raums innerhalb der Wohnung. Eigene Waffen zu beschaffen ist eine schwierige Entscheidung. Gegen Soldaten werden Sie nicht siegreich bestehen, allenfalls können Sie versuchen ein paar mit in den Tod zu nehmen. Gegen Plünderer dann, wenn Sie Glück haben und Sie in der besseren Position sind. Eine Waffe immer griffbereit, aber außerhalb der Reichweite der eigenen Kinder zu haben, ist fast ein Ding der Unmöglichkeit. Die Waffe ist ein Magnet für kindliche Neugier, die Tragödie kann Sie hier schneller einholen als der Krieg.

Falls Sie Kinder haben, erklären Sie Ihnen die Situation in einer einfachen und beruhigenden Weise. Kinder nehmen Angst und Unsicherheit stark wahr, daher ist es wichtig, ihnen Stabilität zu vermitteln, auch wenn die Lage chaotisch ist.

Ein Krieg ist nicht nur physisch, sondern auch psychisch enorm belastend. In Kriegszeiten kann es zu Schuldgefühlen oder Trauma kommen, vor allem, wenn man geliebte

Menschen verliert oder schwierige moralische Entscheidungen treffen muss, wie alte Angehörige zurückzulassen.

Denken Sie daran: Ihre Sicherheit und die Ihrer Familie haben oberste Priorität.

Gefahren in Kampfgebieten:

Artillerie, Scharfschützen und Drohnen haben **größere Reichweiten** als vermutet und sind daher oft unerwartet.

Hiergegen können Sie sich gut in Kellern und hinter massiven Mauern schützen:

- **Sturmgewehr: 300–800 m.**
- **Scharfschützengewehr: 800–2.000 m.**
- **Mittlerer Mörser: 3.000–6.000 m.**
- **Kleine taktische Angriffsdrohnen: 10–20 km.**
- Der unmittelbare Gefahrenbereich ist gering, meist nur wenige Meter.

Vor dem Folgenden können sie sich nur in U-Bahn-Tunneln, Tiefgaragen und anderen tief unter der Erde gelegenen stabilen Räumen gut schützen:

- **Haubitzen: 20–40 km (mit speziellen Geschossen bis zu 70 km).**
- **Raketenartillerie: 20–300 km (je nach Munition)**

Der unmittelbare Gefahrenbereich bei einem Granatenein-
schlag kann zwischen 50 Metern und mehreren 100 Meter
beim Einsatz von Streumunition sein.

- **Flucht** auf offener Straße ist **riskant**, da man ungeschützt und gut sichtbar ist.
- Ein Stau kann zur tödlichen Falle werden.
- In akuten Kämpfen ist verstecken oft sicherer als
  eine unüberlegte Flucht.

Schutzmaßnahmen:

- Sich von **Fenstern** und offenen Flächen **fernhalten**.
- **Schutz** in stabilen Gebäuden oder **Kellern** suchen.
- Rückzugsorte und Fluchtwege im Voraus planen.

Verhalten in Straßenkämpfen:

- **Unauffällig bleiben**, keine politischen oder militä-
  rischen Symbole tragen.
- **Keine Fotos oder Videos machen**, um nicht als
  Spion verdächtigt zu werden.
- Handys mit Bedacht nutzen oder in den Flugmo-
  dus versetzen, um nicht geortet zu werden.

Medizinische Versorgung:

- Grundlegende Erste-Hilfe-Kenntnisse sind entscheidend. Erste-Hilfe Buch zulegen.

- Eine gut ausgestattete Hausapotheke mit Antibiotika, Schmerzmitteln, Jod und Verbandsmaterial ist wichtig.
- Verletzte oder kranke Mitmenschen müssen möglicherweise versorgt werden.

Evakuierung:

- Offizielle Informationen über Radio, TV oder Warn-Apps nutzen (siehe Anhang).
- **Nur das Nötigste mitnehmen**: Wasser, Nahrung, Dokumente, Medikamente.
- Offene Fluchtrouten beim Militär/Soldaten/Kontrollpunkten erfragen.
- Informationslage kann chaotisch sein – mehrere Quellen nutzen.

Schutz vor Plünderungen und Kriminalität:

- Türen und Fenster verstärken, sicheren Raum einrichten.
- **Bewaffnung ist eine riskante Entscheidung** – mögliche Gefahren bedenken.

Psychische Belastung:

- Panik vermeiden, rationale Entscheidungen treffen.
- Klare Abläufe und Regeln innerhalb der Familie oder Gruppe besprechen.

- **Kinder beruhigen** und Ihnen Sicherheit vermitteln.
- **Zusammenbleiben, allein sein macht Angst.**
- Krieg kann zu Traumata führen – nach dem Krieg professionelle Hilfe suchen.

Hinter den feindlichen Linien

Falls das eigene Wohngebiet von feindlichen Truppen besetzt wird, sollte jede Konfrontation vermieden werden. Es ist wichtig, unscheinbar zu bleiben, sich von Fenstern fernzuhalten und keine Aufmerksamkeit zu erregen. Falls Sie sich auf offener Straße bewegen müssen, tun Sie dies bedächtig, aber mit gleichmäßiger Geschwindigkeit, um nicht verdächtig zu wirken. Sollte ein Soldat Sie ansprechen, bleiben Sie stehen und antworten Sie ruhig, laut und langsam. Soldaten sind oft angespannt und gestresst, da Sie in kurzer Zeit zwischen Freund, Feind und Zivilisten unterscheiden sollen. Ein falsches Verhalten kann als Bedrohung aufgefasst werden.

Wichtige Dokumente und Wertsachen sollten gut versteckt werden, um Plünderungen, Erpressungen oder Enteignungen zu vermeiden. Dennoch sollten Sie immer einen Personalausweis oder einen Reisepass griffbereit haben, um sich ausweisen zu können. Plünderungen durch Besatzungstruppen oder auch durch Kriminelle sind in solchen Situationen häufig – überlebenswichtige Dinge wie Nahrung, Medikamente und Bargeld sollten an einem sicheren Ort aufbewahrt werden. Kleine Mengen an Geld oder Wertsachen, mit denen Sie sich freikaufen können, sind aber griffbereit zu halten.

Es ist ratsam, sich in Gruppen aufzuhalten, da einzelne Personen eher Ziel von Kriminellen oder Soldaten werden. Gleichzeitig sollten Gruppen nicht zu groß sein, um keinen Verdacht zu wecken oder für Soldaten als Bedrohung wahrgenommen zu werden. Vermeiden Sie riskante Handlungen, die als Widerstandshandlungen interpretiert werden könnten. Selbst wenn Ihre moralische Überzeugung Sie zum Widerstand drängt, müssen Sie bedenken, dass ein unüberlegter Akt nicht nur Ihr eigenes Leben, sondern auch das Ihrer Familie oder Nachbarn gefährden kann.

Falls eine Ausgangssperre verhängt wird, halten Sie sich strikt daran. Verstöße können zu harten Strafen führen oder Sie werden einfach erschossen. Achten Sie auf offizielle Ankündigungen der Besatzungsmacht, die möglicherweise über Radio, Flugblätter oder Lautsprecherwagen verbreitet werden. Informationen aus vertrauenswürdigen Quellen zu bekommen ist schwierig, die Kommunikation mit den Besatzern ist nicht ungefährlich.

Vermeiden Sie es, sich politisch zu äußern oder Meinungen zu äußern, die als feindlich gegenüber der Besatzungsmacht interpretiert werden könnten. In Zeiten von Besatzung gibt es oft Informanten, die für die Besatzer arbeiten. Seien Sie sich bewusst, dass jedes Wort gegen Sie verwendet werden kann. Das Ziel der Besatzungstruppen ist keine Demokratie, das Wohlergehen der Zivilisten ist nicht ihr vorrangiges Ziel. Vielmehr ist es wahrscheinlich, dass Sie Angst und Terror verbreiten, um jedweden Widerstand im Keim zu ersticken. Autokratische Staaten leben von der Angst der Bevölkerung und von der Aussicht auf Beute und Status für die Helfer.

Da fremde Truppen Lebensmittel oder Vorräte beschlagnahmen könnten, sollten Sie versuchen, einen Teil Ihrer Vorräte an verschiedenen sicheren Orten zu verstecken. Seien Sie dabei jedoch vorsichtig, da versteckte Vorräte als Zeichen von Widerstand gewertet werden könnten. Es kann ratsam sein, einen kleinen, weniger wertvollen Vorrat sichtbar zu lassen, um den Verdacht von weiteren versteckten Vorräten zu vermeiden.

Technische Geräte wie Mobiltelefone oder Computer können überwacht werden. Falls die Besatzungsmacht den Zugang zum Internet kontrolliert, sollten Sie aufpassen, welche Informationen Sie abrufen oder teilen. Nachrichten, die als feindlich betrachtet werden könnten , können dazu führen, dass Sie ins Visier geraten. Falls möglich, nutzen Sie sichere mündliche Kommunikationswege, um mit vertrauenswürdigen Personen in Kontakt zu bleiben.

Falls es zu willkürlichen Verhaftungen oder Hausdurchsuchungen kommt, bleiben Sie ruhig und leisten Sie keinen Widerstand. In einer solchen Situation ist es besser, so wenig wie möglich zu sagen. Falls Sie verhört werden, geben

Sie nur notwendige Informationen preis und bleiben Sie vage. Vor allem vermeiden Sie es, Namen oder Details zu nennen, die andere in Gefahr bringen könnten.

Unter einer Besatzung kann sich die wirtschaftliche Lage drastisch verschlechtern. Arbeitsplätze gehen verloren, Waren sind knapp und die Preise für lebensnotwendige Güter steigen. Falls Sie über finanzielle Reserven verfügen, nutzen Sie diese mit Bedacht. Tauschwirtschaft kann eine Alternative sein, wenn Geld seinen Wert verliert oder nicht mehr angenommen wird.

Greifen Sie auf soziale Netzwerke innerhalb Ihrer Nachbarschaft zurück. Menschen, die sich gegenseitig helfen, haben eine höhere Überlebenschance. Tauschen Sie Nahrungsmittel, Medikamente oder andere Güter. Eine Gemeinschaft kann Schutz bieten und Ressourcen effektiver nutzen.

Der Kontakt mit Besatzungssoldaten lässt sich oft nicht vermeiden. Verhalten Sie sich neutral und respektvoll, aber ohne unterwürfig zu wirken. Zu freundliches Verhalten kann als Kollaboration angesehen werden, während offener Widerstand Sie in große Gefahr bringt. Es ist ein Balanceakt, der Fingerspitzengefühl erfordert.

Falls Zwangsarbeit oder Zwangsrekrutierungen durchgeführt werden, versuchen Sie, sich so unauffällig wie möglich zu verhalten. Falls Sie nicht fliehen können, suchen Sie nach Möglichkeiten, weniger gefährliche Aufgaben zugeteilt zu bekommen. Krankheit oder Verletzungen können manchmal als Ausrede dienen, jedoch sollte dies glaubhaft dargestellt werden.

Falls sich die Möglichkeit zur Flucht ergibt, sollten Sie einen Plan haben. Achten Sie auf Fluchtrouten, sichere Unterkünfte und vertrauenswürdige Personen, die Ihnen helfen könnten. Falls Sie Familie oder Freunde außerhalb des besetzten Gebietes haben, versuchen Sie, in Kontakt zu bleiben.

Informieren Sie sich über völkerrechtliche Bestimmungen zum Schutz von Zivilisten in besetzten Gebieten. Zwar werden diese Gesetze nicht immer eingehalten, aber in manchen Fällen kann es hilfreich sein, Sie zu kennen, um sich darauf berufen zu können.

Das Leben unter Besatzung ist nicht nur körperlich, sondern auch mental extrem belastend. Angst, Unsicherheit und das Gefühl der Ohnmacht können zu Depressionen und anderen psychischen Problemen führen. Falls möglich, versuchen Sie, Routinen im Alltag aufrechtzuerhalten. Selbst kleine Rituale, wie gemeinsames Essen oder Lesen, können helfen, Stabilität zu bewahren.

Kinder sind besonders anfällig für die psychischen Folgen einer Besatzung. Versuchen Sie, Ihnen ein Gefühl von

Normalität zu vermitteln, auch wenn die Umstände schwierig sind. Erklären Sie Ihnen in kindgerechter Weise, was passiert, ohne ihnen unnötig Angst zu machen.

In der Ukraine wurden seit 2020 schätzungsweise 20.000 Kinder nach Russland deportiert, um die besetzte Bevölkerung gefügig zu machen. Erklären Sie Ihren Kindern, dass Sie sich so weit wie möglich unauffällig verhalten, möglichst im Haus bleiben und öffentliche Plätze vermeiden sollten.

Das Leben hinter feindlichen Linien erfordert Disziplin, Vorsicht und Anpassungsfähigkeit. Unauffälliges Verhalten, das Vermeiden von Konfrontationen und eine vorausschauende Planung helfen, gefährliche Situationen zu überstehen. Der Schutz der eigenen Familie und der Aufbau eines Unterstützungsnetzwerks sind entscheidend für das Überleben in einem besetzten Gebiet. Während es verständlich ist, Widerstand leisten zu wollen, sollte dies stets gut überlegt sein, da unüberlegte Handlungen drastische Konsequenzen haben können. Eine besonnene und strategische Vorgehensweise ist der beste Schutz in einer extremen Situation.

Vergewaltigungen werden oft als Kriegswerkzeug benutzt um den Feind zu demütigen oder ihn zur Flucht zu bewegen (ethnische Säuberung). Vergewaltigungen stellen sowohl für die Frau als auch den Mann eine enorme psychische

Belastung dar, die Frau kann zusätzlich leichte bis schwere innere Verletzungen erleiden. Erste-Hilfe-Maßnahmen können für solche Verletzungen im Voraus erlernt werden. Um wenigstens nach einer Vergewaltigung nicht schwanger zu werden, sollte in der Medikamentenbox die Pille danach nicht fehlen.

Verhalten unter Besatzung:

- **Konfrontationen** mit Besatzungstruppen **vermeiden.**
- Unauffällig bleiben, **von Fenstern fernhalten**, keine Aufmerksamkeit erregen.
- Bei Kontrollen ruhig, **laut und langsam sprechen.**

Schutz von Eigentum und Identität:

- Wichtige Dokumente und Wertsachen verstecken, aber einen **Ausweis griffbereit** haben.
- Notreserven an **Geld** oder Wertgegenständen **für Bestechung** bereithalten.
- Überlebenswichtige Vorräte (Nahrung, Medikamente, Bargeld) verstecken.

Sicherheit in Gruppen:

- In kleinen Gruppen bewegen, um Schutz zu haben, aber keine Verdächtigung zu wecken.

- **Keine riskanten Handlungen** unternehmen, die als Widerstand ausgelegt werden könnten.

Umgang mit Besatzungsmacht:

- Ausgangssperren strikt einhalten, Verstöße können tödlich enden.
- Keine politischen Meinungen äußern, da Informanten aktiv sein könnten.
- Besatzungstruppen können Angst und **Terrorregime** errichten – Vorsicht ist geboten.

Umgang mit Vorräten:

- Lebensmittel und Vorräte gut verstecken, aber einen kleinen sichtbaren Vorrat zurücklassen.
- Versteckte Vorräte könnten als Widerstand gewertet werden.

Technische Vorsichtsmaßnahmen:

- **Mobiltelefone** und Computer **werden überwacht.**
- Internetnutzung mit Bedacht wählen, um nicht ins Visier zu geraten.
- Sichere Kommunikationswege mit vertrauenswürdigen Personen nutzen.

Hausdurchsuchungen und Verhaftungen:

- Ruhig bleiben und keinen Widerstand leisten.

- So wenig wie möglich sagen, keine Namen oder Details preisgeben.

Wirtschaftliche Herausforderungen:

- Preise steigen, Arbeitsplätze gehen verloren, Waren werden knapp.
- Finanzielle Reserven mit Bedacht nutzen, Tauschwirtschaft als Alternative in Betracht ziehen.

Soziale Netzwerke und Nachbarschaftshilfe:

- Kooperation mit Nachbarn erhöht Überlebenschancen.
- Gegenseitige Unterstützung bei Nahrung, Medikamenten und Ressourcen.

Umgang mit Besatzungssoldaten:

- Neutral und respektvoll auftreten, ohne unterwürfig zu wirken.
- Balanceakt zwischen zu freundlichem Verhalten (Kollaborationsverdacht) und offenem Widerstand.

Zwangsarbeit und Zwangsrekrutierungen:

- **Unauffällig bleiben**, um nicht rekrutiert zu werden.
- Weniger gefährliche Aufgaben suchen, wenn Zwangsarbeit unvermeidbar ist.

- Krankheit oder Verletzungen als glaubhafte Ausrede nutzen.

Fluchtplanung:

- Sichere Routen und Unterkünfte im Voraus überlegen.
- Kontakte zu Personen außerhalb des besetzten Gebiets aufrechterhalten.

Psychische Belastung:

- Angst, Unsicherheit und Ohnmachtsgefühle sind allgegenwärtig.
- Routinen im Alltag aufrechterhalten (z. B. gemeinsames Essen, Lesen).
- Kindern eine gewisse Normalität vermitteln und Ihnen die Situation altersgerecht erklären.

Extremfälle von Gewalt:

- Kaufen Sie ein Erste Hilfe Buch – haben Sie dieses griffbereit: Schmerzmittel, Antibiotika, Desinfektionsmittel, Pille danach.
- Sprechen Sie mit den Menschen, beruhigen Sie diesen, kümmern Sie sich, lassen Sie das Opfer nicht allein (eine Wunde heilt nicht an einem Tag).

Massenvernichtungskrieg

Der Gedanke an einen Krieg mit Massenvernichtungswaffen ist einerseits erschreckend, andererseits abwegig: Wem nützt es, die Erde zu zerstören?

Erstens: Nur weil Atomwaffen seit dem Zweiten Weltkrieg nicht zum Einsatz gekommen sind, heißt das nicht, dass es jetzt für immer so sein wird.

Zweitens: Die russische Kriegsgeneration, die nicht noch eine weitere Verheerung ihres Landes riskieren wollte, ist längst gestorben.

Nicht alle Kriegspläne im kalten Krieg sahen einen umfassenden Nuklearschlag vor. Es ist fraglich, ob es bei einem Nuklearschlag gegen, sagen wir Georgien, zu einem weltweiten Schlagabtausch kommen würde. Der nukleare „Schutzschirm", den die USA über Europa aufgespannt hatten, ist nicht mehr zuverlässig und darauf könnten Länder wie Russland spekulieren.

Es ist durchaus möglich, dass ein „kleiner" Nuklearschlag, der mehr als Drohung begriffen werden kann, da nur wenige direkte Opfer zu beklagen sind, nicht sofort zu einem weltweiten Atomkrieg führen würde, jedoch zu Zugeständnissen nötigen und unvorstellbares Chaos verursachen würde. Deshalb ist es wichtig, auch hier vorbereitet zu sein und zu wissen, wie man sich verhalten sollte. Eine gründliche Planung und das Wissen um geeignete Schutzmaßnahmen können im Ernstfall über Leben und Tod entscheiden. Der erste Schritt besteht darin, geeignete Schutzräume zu identifizieren. Ein gut vorbereiteter Keller oder Bunker kann in einer solchen Situation der sicherste Ort sein. Es ist ratsam, bereits im Voraus herauszufinden, wo sich der nächste Schutzraum befindet oder einen eigenen Raum innerhalb des Hauses einzurichten, der möglichst im Keller oder zumindest in einem fensterlosen Bereich liegt. Die gefährliche Wirkung von Atombomben sind einerseits ihre Hitze, die großflächige Brände verursacht und die Druckwelle der immensen Explosion, die auch Gebäude zerstört, andererseits die Strahlung, die bei der Explosion frei wird sowie der radioaktive Niederschlag, der sich über große Gebiete ausdehnt. Im Epizentrum würden Sie verbrennen oder binnen kürzester Zeit an einem Lungenriss sterben. Sind Sie nur einige Kilometer weiter, ist die Strahlung ihr Hauptproblem: Suchen Sie sofort die nächste Deckung, sobald Sie den Explosionsblitz sehen, auch der Straßengraben genügt. Sie müssen wissen, dass die unmittelbare Strahlung sofort nach der Explosion anfängt abzufallen, die ersten 15 Minuten, in denen Sie sich vor der Explosion verstecken, sind wichtig. Suchen Sie in unmittelbarer Nähe eine der Explosion abgewandte Stelle und ducken Sie sich dahinter für etwa 15 Minuten. Bleiben Sie nicht stehen um

Aufnahmen mit dem Handy zu machen. Erst danach, in der nächsten Phase, geht es darum, möglichst wenig radioaktiven Staub einzuatmen, daher sollten Sie Schutzmasken aufsetzen, oder wenn diese nicht vorhanden sind, Tücher, am besten feuchte, vor Mund und Nase halten und sich in einen abgeschirmten Raum zurückziehen. Der Staub in der Atmosphäre wird sich innerhalb von Tagen großteils niederschlagen, ab diesem Zeitpunkt geht die größte Gefahr von radioaktiv kontaminierten Lebensmitteln aus. Eine nukleare Explosion erzeugt einen starken elektromagnetischen Impuls (EMP), besonders wenn sie in großer Höhe gezündet wird. Ein starker EMP kann elektronische Geräte wie Handys, Computer und Stromnetze zerstören, Ihr Handy wird wahrscheinlich kaputt oder das Mobilfunknetz funktionslos sein. Sie können weder Ihre Kinder noch Ihre Familie kontaktieren, um das weitere Vorgehen zu besprechen. In einem solchen Fall sind nur vorher festgelegte Pläne umsetzbar. Legen Sie daher im Voraus eine klare Strategie fest: Was tun, wenn Sie zu Hause, bei der Arbeit oder unterwegs sind? Wie sollen sich Ihre Kinder verhalten, wenn sie in der Schule oder beim Sport sind? Zielloses Umherirren in einer kontaminierten Umgebung auf der Suche nach Angehörigen birgt große Gefahren und sollte unbedingt vermieden werden.

Wie immer sollte ein Schutzraum mit ausreichend Wasser, Lebensmitteln, Medikamenten, Batterien, einer

Taschenlampe und einem batteriebetriebenen Radio ausgestattet sein. Im Falle eines chemischen oder nuklearen Angriffs muss er schnell luftdicht abgedichtet werden können, um das Eindringen von giftigen oder radioaktiven Partikeln zu verhindern. Haben Sie keinen geeigneten Schutzraum, gehen Sie in den innersten Raum des Hauses, schalten Sie Klimaanlagen und Belüftungssysteme aus, um kontaminierte Luft nicht ins Innere des Gebäudes zu ziehen. Falls verfügbar, kann eine Atemschutzmaske der Klasse FFP3 oder zumindest ein feuchtes Tuch über Mund und Nase gelegt werden, um das Einatmen gefährlicher Partikel zu verhindern. Zudem sollten alle Familienmitglieder über einen Notfallplan informiert sein, der festlegt, wo Sie sich im Ernstfall treffen, und welche Maßnahmen ergriffen werden müssen, denn ein Angriff wird überraschend erfolgen, es wird keine nennenswerte Vorwarnzeit geben.

Nach einem Angriff sollte man so schnell wie möglich seine Kleidung wechseln, um mögliche radioaktive Partikel zu entfernen, und sich gründlich abduschen. Getragene Kleidung sollte luftdicht in einem Plastiksack verpackt und außerhalb des Schutzraums gelagert werden. Da Strahlung durch Materialien mit hoher Dichte abgeschwächt wird, bieten Wände aus Beton oder Erde besseren Schutz als Holz oder Glas. Der Kontakt mit kontaminierten Oberflächen und Gegenständen sollte vermieden werden - bleiben Sie im Haus/Schutzraum. Falls vor einem nuklearen Angriff gewarnt wurde und Jodtabletten verfügbar sind, können diese eingenommen werden, um die Aufnahme von radioaktivem Jod in die Schilddrüse zu reduzieren. Jodtabletten können jederzeit (auch heute) in jeder Apotheke gratis abgeholt werden.

Nach einem Angriff ist es ausschlaggebend, im Schutzraum zu bleiben, bis offizielle Stellen Entwarnung geben. Dies kann je nach Art der Bedrohung Stunden bis Tage dauern. Während dieser Zeit sollten nur Vorräte verwendet werden, die sicher gelagert wurden, da Nahrungsmittel und Wasser aus offenen Behältern oder aus der Umgebung möglicherweise kontaminiert sind. Es ist zudem wichtig, auf Symptome einer Strahlenkrankheit zu achten, die sich durch Übelkeit, Erbrechen, Kopfschmerzen und allgemeine Schwäche äußern kann. In diesem Fall ist ehestmöglich ein Krankenhaus aufzusuchen. Ein eigener Geigerzähler ermöglicht Ihnen zu checken, ob Sie erhöhter Radioaktivität ausgesetzt sind, ob Kleidung oder Schuhe kontaminiert sind oder ob Nahrung nicht konsumiert werden sollte.

Neben nuklearen Bedrohungen besteht auch die Gefahr chemischer oder biologischer Angriffe. Chemische Kampfstoffe können sich durch Atemnot, Sehstörungen, Übelkeit und Krämpfe bemerkbar machen. In einem solchen Fall sollte man versuchen, die betroffene Zone sofort zu verlassen und sich möglichst quer zum Wind zu bewegen. Falls es zu einem Kontakt mit chemischen Substanzen gekommen ist, müssen sämtliche Kleidungsstücke sofort entfernt und die Haut mit Wasser und Seife gereinigt werden. Auch die Augen sollten mit klarem Wasser ausgespült werden. Biologische Kampfstoffe hingegen entfalten ihre Wirkung oft erst verzögert. Plötzliche Krankheitsausbrüche mit Symptomen wie Fieber, Atemproblemen oder Hautausschlägen können auf einen biologischen Angriff hindeuten. In einer solchen Situation sollte enger Kontakt mit anderen Menschen möglichst vermieden werden, um eine weitere Verbreitung zu verhindern. Die Folgen eines Biowaffeneinsatzes können dem Szenario entsprechen, welches wir im Zusammenhang mit der Covid Epidemie gesehen haben, allerdings kann man davon ausgehen, dass ein Virus oder Bakterium mit höherer Sterblichkeit verwendet wird. Masken, Handschuhe, Desinfektionsmittel, strikte Lockdowns und Ausgangssperren werden für längere Zeit das Einzige sein, was man dagegen unternehmen kann.

In einem Krieg mit Massenvernichtungswaffen ist die Informationsbeschaffung entscheidend. Ein batteriebetriebenes oder kurbelbetriebenes Radio kann helfen, offizielle Anweisungen zu empfangen. Es ist essenziell, sich nur auf vertrauenswürdige Quellen wie Katastrophenschutzbehörden oder internationale Hilfsorganisationen zu verlassen. Falls Strom und Kommunikationsnetze noch funktionieren, sollten Mobiltelefone und andere elektronische Geräte nur für Notfälle genutzt werden, um Batterie zu sparen.

Die medizinische Versorgung ist ein weiterer kritischer Aspekt in einem solchen Szenario. Ein gut ausgestattetes medizinisches Set mit Verbandsmaterial, Desinfektionsmitteln, Schmerzmitteln und Medikamenten zur Behandlung von Verletzungen kann lebensrettend sein. Die Krankenhäuser werden hoffnungslos überlastet sein und für die Masse an Betroffenen kaum Hilfe bereitstellen können. Wunden müssen daher schnellstmöglich selbst desinfiziert und verbunden werden, um Infektionen zu vermeiden.

Falls die Krise länger andauert, müssen Überlebensstrategien für einen längeren Aufenthalt im Schutzraum entwickelt werden. Eine ausreichende Vorratshaltung ist unverzichtbar, um längere Zeit autark überleben zu können. Lebensmittel mit langer Haltbarkeit wie Konserven, Reis, Nudeln und Trockenfrüchte sollten in ausreichender Menge gelagert werden.

Ein Krieg mit Massenvernichtungswaffen ist eine schreckliche Vorstellung, doch mit guter Vorbereitung und den richtigen Verhaltensweisen können die Überlebenschancen erheblich erhöht werden. Schutzräume, Vorräte, Wissen über Strahlung, chemische und biologische Bedrohungen sowie eine besonnene Vorgehensweise nach einem Angriff sind entscheidend. Es ist wahrscheinlich, dass ihr Gebiet nach einem Angriff langfristig kontaminiert ist, ein Ausweichquartier, dass mindestens 100km entfernt ist, ist in diesem Fall eine großartige Alternative. Die

Herausforderung ist hinzukommen, ohne große Mengen kontaminierten Staubes einzuatmen. Zwar haben Autos heutzutage Pollenfilter, die auch den Großteil an radioaktiven Staub abhalten sollten, aber eine Maske und staubgeschützt verpacktes frisches Gewand und Schuhe, um am Zielort nicht kontaminiertes Material zu verbreiten, ist eine gute Vorsorgemaßnahme.

Massenvernichtungswaffen sind nicht ausgeschlossen

- Auch wenn es bisher nicht dazu kam, gibt es keine Garantie, dass es so bleibt.
- Die geopolitische Lage hat sich verändert, **es wird aufgerüstet**, viele Länder sind im Besitz von Atomwaffen.
- **Biowaffen sind leichter herzustellen** als früher.
- Ein gezielter Nuklearschlag oder Biowaffen könnten **Chaos verursachen** und verwendet werden, um Zugeständnisse zu erzwingen.

Vorbereitung und Schutzräume

- **Abdichtbare Schutzräume** im Voraus identifizieren oder einen eigenen Keller/Bunker einrichten.
- Diese idealerweise in einem fensterlosen Bereich oder Keller unterbringen.
- Dicke Wände aus Beton oder Erde bieten besseren Schutz als Holz oder Glas.

Gefahren durch Nuklearwaffen

- Sobald der Explosionsblitz wahrgenommen wird **sofort zu Boden werfen.**
- Hauptgefahren: Hitze, Druckwelle, Strahlung und radioaktiver Niederschlag.
- Wer sich in der Nähe befindet, hat kaum Überlebenschancen.
- Die ersten 15 Minuten nach der Explosion sind entscheidend, Strahlung fällt danach schnell ab. Danach sind **einatmen von Staub und kontaminierte Nahrung** das Problem.

Verhalten nach einer nuklearen Explosion

- Sofort Schutz suchen und **nicht draußen bleiben** oder Aufnahmen machen.
- Möglichst wenig radioaktiven Staub einatmen – **Masken oder feuchte Tücher** nutzen.
- Innenräume abdichten, Lüftungssysteme abschalten.

Maßnahmen nach einem Angriff

- **Kleidung sofort wechseln**, luftdicht verpacken und außerhalb lagern.
- **Gründlich duschen**, um radioaktive Partikel zu entfernen.

- Kinder sollten vor Ort Schutz suchen und auf Abholung warten.
- Fangen Sie, wenn möglich, erst nach 15 Minuten an, Ihre Kinder zu suchen.
- Personen und Nahrung mit einem **Geigerzähler** checken.
- Nur sicher gelagerte Vorräte verwenden, um Strahlenbelastung zu minimieren.
- Auf Symptome der **Strahlenkrankheit** achten (Übelkeit, Kopfschmerzen, Erbrechen).

Chemische und biologische Angriffe

- Chemische Kampfstoffe: Atemnot, Sehstörungen, Übelkeit – Zone sofort verlassen.
- Biologische Kampfstoffe: Verzögerte Wirkung, mögliche Epidemien, Infektionen durch strikte Hygiene und Lockdowns vermeiden.
- Bei Verdacht auf biologische Waffen engen Kontakt mit anderen vermeiden.

Medizinische Versorgung und Erste Hilfe

- Verbandsmaterial, Desinfektionsmittel, Schmerzmittel, Medikamente gegen Strahlenkrankheit bereithalten.
- Masken, Handschuhe, Staubschutzkleidung

- Auch kleine Wunden sofort desinfizieren und verbinden.

Langfristige Überlebensstrategien

- **Viele Vorräte** für längeren Aufenthalt im Schutzraum anlegen (haltbare Lebensmittel).

- Ein Ausweichquartier, dass mindestens 100km entfernt ist.

- Schutzkleidung für eine kontaminationsfreie Weiterreise bereithalten.

Wir haben gesehen, dass mit jeder Eskalationsstufe neue Gefahren entstehen und das Risiko für Leib und Leben steigt. Daher sollten Sie zumindest für die aktuelle Bedrohungslage angemessene Vorkehrungen treffen. Über die Zukunft können Sie sich jetzt schon Gedanken machen und Pläne entwickeln, die Sie zeitgerecht umsetzen können. Überlegen Sie sich welche Optionen es gibt, und welche für Sie zum jeweiligen Zeitpunkt in Frage kommen.

FLÜCHTEN ODER BLEIBEN?

Haben Sie sehr viel Geld? Der eigene Privatjet wird Sie schon rechtzeitig wegbringen. Für die meisten von uns wird das kein realistisches Szenario sein, nicht einmal normale Flugzeuge werden noch bezahlbar sein, wenn alle wegwollen. Welches Land sollte auch Millionen Flüchtlinge aus Europa aufnehmen, - kein Land auf diesem Planeten wird dazu bereit sein.

Dass die Flucht auf den ersten Blick als die beste Alternative erscheint, verwundert nicht, wird doch in manchen Medien seit Jahren das trügerische Bild vermittelt, das es Kriegsflüchtlingen wunderbar geht, insbesondere wenn Sie zu uns kommen. Es ist anzunehmen, dass die Fluchtmöglichkeiten begrenzt sind, sollte es zu einem größeren Krieg kommen. Wenn Sie nicht jetzt schon eine neue Existenz im Ausland (ja welches überhaupt?) aufbauen können, dann wird das für Sie im Kriegsfall auch nicht leicht sein.

Wohin, womit, wann, was dann?

Eine Flucht stellt ein erhebliches Risiko dar, wenn aber die Gefahr exponentiell ansteigt, werden irgendwann die Vorteile einer Flucht überwiegen. Je früher eine Flucht geplant und ausgeführt wird, desto vorteilhafter wird die Flucht bzw. die neue Situation nach der Flucht sein.

Flüchten erscheint oft als das Ende der Bedrohungslage, weil es das Ende einer derzeitig schwierigen Lage bedeutet. Oft oder meist kommt es jedoch nur zu einer Veränderung derselben. Dies sollte man vor Augen haben und möglichst klare Vorstellungen von der erstrebten Veränderung entwickeln. Für eine gut geplante Flucht werden die Bedürfnisse und Möglichkeiten analysiert und ein ausgefeilter Plan erstellt, welche Dinge auf und nach der Flucht notwendig sind. Bei einer überstürzten Flucht fällt meist der Plan weg und man versucht nur noch, sein Leben zu retten. Die Reihenfolge der Fragen in der Überschrift kommt einem schnell in den Sinn, wenn man über Krieg nachdenkt, aber Sie sind eigentlich genau verkehrt herum. Planen sollte man also andersherum, was ist nach der Flucht, was ist eigentlich nach dem Krieg?

WAS DANN?

Eine Auswanderung oder Flucht bedeutet eine massiven Einschnitt in Ihr unmittelbares Leben. Binnen Tagen geben Sie alles auf, was Sie gewöhnt sind. Nicht nur verlassen Sie Ihre Freunde und Verwandten, sondern auch Ihre Kultur, Ihre Sprache und Ihr wirtschaftlicher Status ändert sich dramatisch. Zu dem Gefühl der Entwurzelung, gesellen sich höchstwahrscheinlich Schuldfragen und Vorwürfe. – Haben wir das Richtige getan? Wie geht es den Zurückgelassenen? Haben wir das Land verraten?

Zuerst daher hier die Frage, was Sie sich zutrauen, oder besser: Was sind Ihre Ressourcen, Ihre Fähigkeiten, Ihre Verpflichtungen? Und wie stellen Sie sich nach einer Flucht Ihr weiteres Leben vor?

Sind Sie ein durchschnittlicher Pensionist, oder alt oder gebrechlich, sodass Sie auf Unterstützung angewiesen sind? Verliert Ihr Land diesen Krieg, wird Ihr Leben nicht so weiterlaufen wie bisher. Das Ersparte, Pensionen, die Gesundheitsversorgung sind dann außerhalb ihres Landes nichts mehr wert. Was tun, wenn Ihre Mittel erschöpft sind? Sind Sie ein Familienmensch oder eher an die Gegend gebunden? Gerade als älterer Mensch werden Sie sicher schon einiges an Erfahrung haben, um diese Fragen für sich lösen zu können.

Sind Sie ein gut ausgebildeter Mensch in einer Sparte, die auch gesucht wird, oder erfolgreicher Unternehmer? Sind Sie dynamisch und flexibel? Da haben Sie die besten Karten. Wenn Sie andere Sprachen sprechen und anderen Kulturen gegenüber aufgeschlossen sind, ist anzunehmen, dass Sie auch nach einer Flucht ihr Leben wieder in den Griff bekommen werden.

Sind Sie ein Kind oder Jugendlicher in Ausbildung? Als Kind können Sie das nicht selbst entscheiden und als Jugendlicher haben Sie kurzfristig am meisten zu verlieren, langfristig wird es Ihnen aber wahrscheinlich schon gelingen, noch einmal neu zu starten. Eine abgeschlossene Ausbildung, ein Sprachkurs oder ein kurzfristiger Auslandsaufenthalt zum Spracherwerb ist ihr bester Zukunftsplan.

Haben Sie eine Familie mit kleinen Kindern? Dann stehen Sie vor vielen offenen Fragen. Wenn Sie Hals über Kopf aufbrechen, um in ein fremdes Land zu gehen, müssen Ihre Kinder plötzlich in einer fremden Sprache in einer fremden Schule ohne ihre Freunde auskommen. Möglicherweise lösen Sie bei Ihren Kindern ein Trauma aus. Andererseits geht es auch um die bestmögliche Zukunft Ihrer Kinder. Erstellen Sie eine Plus-Minus-Liste und wägen Sie die Vorteile einer Flucht gegenüber den Nachteilen sorgfältig ab. Skizzieren Sie Szenarien und passende Fluchtzeitpunkte. Sprechen Sie frühzeitig mit Ihren Kindern über einen eventuellen Umzug und erklären Sie die Gründe dafür.

Ehrlichkeit und Offenheit sind wichtig. Lassen Sie Ihre Kinder bei der Planung und Vorbereitung mithelfen. Haben Sie sich für ein bestimmtes Land entschieden, informieren Sie sich über die schulischen Gegebenheiten.

Sind Sie eher mittellos, krank, beeinträchtigt oder kommen eher schlecht als recht über die Runden, sind die Möglichkeiten des Auswanderns eher schwierig. Die Wahrscheinlichkeit, dass Sie von schlecht auf katastrophal abrutschen, ist bei einer Flucht hoch.

Generell muss Ihnen bewusst sein, dass Auswandern nur möglich ist, wenn Sie die Kriterien der Einwanderung erfüllen. Eine Flucht ist zur Zeit relativ leicht mit einem Touristenvisum möglich. Allerdings werden Ihnen zur Zeit kaum Staaten Asyl gewähren. Sie müssten daher in der Regel alle 3 Monate das Zielland wechseln, bzw. für kurze Zeit das Land verlassen und außerdem illegal arbeiten.

Vor allem bei exotischen Ländern oder bekannten Urlaubdestinationen sollten Sie nicht ihr letztes Urlaubserlebnis als reicher westlicher Tourist mit der Lebensrealität von Einheimischen verwechseln. In vielen dieser Länder ist auch die gesellschaftliche Stellung einer Frau nicht die gleiche, die Sie gewohnt sind und kann daher zu Problemen führen.

Man sieht, alleine die Frage, was für Sie nach der Flucht ein realistisches und gutes Szenario sein kann, ist stark von Ihren Voraussetzungen und Ihrer Planung abhängig. Die Gefahr, dass Sie ihre Lage eher verschlechtern als verbessern ist nicht von der Hand zu weisen.

Schaffen Sie einen Neubeginn nach einer Flucht ins Ausland?

- Sie haben größere finanzielle Reserven.
- Sie sind erfolgreicher Unternehmer oder Handwerker.
- Sie sind fremden Kulturen gegenüber aufgeschlossen.
- Sie sind im erwerbsfähigen Alter.

Eine Flucht ist nicht immer die beste Lösung:

- Entwurzelung und Schuldgefühle können vorherrschen.
- Ein Risiko der Ausbeutung besteht.
- Die Lage woanders kann sich schlecht entwickeln.
- Fehlende Planung kann die eigene Lage verschlechtern.

WANN?

Wir sehen momentan, dass Russland einen Eroberungskrieg in der Ukraine begonnen, sein Land auf Kriegswirtschaft umgestellt hat und Rückendeckung von China, Nordkorea und dem Iran erhält. Nichtsdestotrotz floriert der Welthandel, die Wirtschaftslage ist gut und die Arbeitslosigkeit ist in den meisten Ländern niedrig.

Zur Zeit gibt es für Europäer kaum Reisebeschränkungen. Innerhalb der EU können Sie sogar ohne Voraussetzungen umziehen.

Momentan können Sie ihr Hab und Gut mitnehmen, ihr Haus zu einem guten Preis verkaufen und praktisch noch überall einreisen. Asyl werden Sie in dieser Lage allerdings nirgends bekommen, Sie müssen das Auswandern aus eigener Kraft stemmen oder illegal im Zielland leben.

Dreht sich die Eskalationsspirale weiter und es kommt zu begrenzten Auseinandersetzungen an der EU-Ostgrenze, dann wird es eine Fluchtbewegung der dort ansässigen Bevölkerung geben. Die wirtschaftliche Lage in Europa wird sich verschlechtern, die Arbeitslosigkeit steigen, Immobilien im Osten verlieren an Wert und es kann zu hoher Inflation kommen. Reisebeschränkungen werden noch nicht eingeführt, aber Langzeitvisa für EU-Bürger in

Überseeländern werden schwerer erhältlich sein. Inwieweit die eigene finanzielle Situation sich verschlechtert, ist individuell unterschiedlich, trotzdem ist anzunehmen, dass Ihre Chancen auf eine erfolgreichen Neustart geringer werden. Asyl könnte jedoch mittlerweile in manchen Länder gewährt werden.

Wenn es zu weiteren Eskalationen durch vermehrte Cyberangriffe und Sabotage an der Infrastruktur im Rest von Europa kommt, oder wichtige Handelswege wie der Suezkanal oder das Südchinesische Meer unpassierbar sind, kann zum ersten Mal eine Mangelsituation für viele Europäer eintreten. Benzin, Ersatzteile oder Strom gibt es nur teilweise oder zu stark gestiegenen Preisen. Der Zeitdruck, unter dem Sie jetzt stehen, zwingt Sie dazu, entweder viel zurückzulassen oder unter Wert zu verkaufen.

Die Auswirkungen sind global spürbar, es werden neue politische Allianzen gebildet und dementsprechend bestimmte Länder kein Asyl gewähren. Günstige Flugtickets zu ihrem Wunschziel werden ein Wunschtraum sein.

Eskaliert die Lage weiter zu einem vollwertigen Krieg, kommt es zu massiven Fluchtbewegungen. Auffanglager werden errichtet, um die Menschen unterzubringen, Infrastruktur wird durch Waffeneinsatz zerstört. Flughäfen stellen zum Teil den Betrieb ein. Überfüllte Bahnhöfe sind ein besonders lohnendes Ziel, um ein Maximum an Zerstörung und Terror zu verursachen. Ausreisesperren für Menschen im kriegsfähigen Alter sind möglich. Ihr Risiko unterwegs zu sein steigt erheblich, die Idee, ein Ticket nach Übersee zu buchen und einfach weg zu sein, bleibt Illusion. Die Grenzen werden geschlossen, Währungen verfallen, die Konvertierbarkeit von Geld wird eventuell ausgesetzt.

Je weiter die geopolitische Eskalation voranschreitet, desto schlechter wird ihre wirtschaftliche Situation sowie ihre Möglichkeiten für die Durchführung der Flucht.

Während Kampfhandlungen sollten Sie jedenfalls nicht flüchten. Sie könnten zu langsam sein, um schnell in Deckung zu gehen oder feuchtkalte Nächte im Wald überstehen müssen. Für jüngere Menschen ist eine späte Flucht leichter zu bewerkstelligen als für Ältere, da Jüngere meist noch flexibler und widerstandsfähiger sind. Andererseits ist es für Menschen, die schon im Pensionsalter sind leichter möglich, schon in einem frühen Stadium das Land zu verlassen, da sie keine familiären Verpflichtungen, sprich schulpflichtige Kinder haben und nicht mehr arbeiten.

Sie müssen daher genau abwägen, ob und wann für Sie der Zeitpunkt der Auswanderung oder der Flucht gekommen ist.

WOMIT?

Was steht Ihnen zur Verfügung? Wie wir gesehen haben, wird es mit dem Fortschreiten der Eskalationsstufezunehmend schwieriger, z.B. mit dem Flugzeug in überseeische Gebiete zu gelangen. Auch können Sie im Flugzeug nur ein paar Kilogramm Gepäck mitnehmen. Je mehr Sie zurücklassen müssen, desto schwerer kann ihr Leben ab diesen Zeitpunkt sein. Wegen der Gefahr von weitreichenden Waffen sowie Sabotageakten oder Terroranschlägen, sind Flughäfen nicht die sicherste Art ein Land im Kriegszustand zu verlassen, aber mitunter die schnellste. Falls Sie vorhaben, sich im Ernstfall z.B. nach Südamerika abzusetzen, sollten Sie auf jeden Fall rechtzeitig mit den Vorbereitungen dafür beginnen. Kümmern Sie sich um ein Dauervisa, eröffnen Sie dort ein Bankkonto, die Direktflüge werden überbucht sein oder sowieso ausfallen. Daher könnte es vorteilhaft sein, zu versuchen, Südamerika über Marokko zu erreichen. Es ist unter den geschilderten Umständen unwahrscheinlich, dass Sie noch ihr Haus verkaufen und Ihre Sachen in einen Container packen lassen können. Je später Sie es versuchen, desto aussichtsloser wird dieser Weg sein. Fazit ist, dass das Flugzeug nur bis zu einer mittleren Eskalationsstufe eine gute Wahl ist, danach nimmt seine Wertigkeit rapide ab. Falls Sie überhaupt irgendwohin mitgenommen werden, dann zu Wucherpreisen und nur mit dem Notfall-rucksack.

Einen großen Vorteil hat die Bahn gegenüber dem Flug-zeug, da diese ein wesentlich dichteres Netz hat und fak-tisch alle mittelgroßen Städte innerhalb Europas verbindet. Da diese mittelgroßen Städte selten strategisch wichtig sind, aber dort trotzdem Infrastruktur, Ärzte, Lebensmittel-geschäfte und leerstehende Wohnungen existieren, bieten Sie sich als Fluchtorte oder Stationen auf der Flucht an. Durch Anschläge auf die Signaltechnik der deutschen Bahn wurde kurz nach dem Einmarsch der Russen in der Ukraine der Bahnverkehr, der in Europa ohne aufrechten Datenver-kehr nicht funktioniert, großflächig und weitgehend lahm-gelegt. Diese Angriffe können und werden sich im Eskalati-onsfall wiederholen. Der Bahnverkehr wird trotzdem lange, wenn auch oft eingeschränkt, aufrechterhalten wer-den.

Beim Schiffsverkehr kann man generell zwischen großen Schiffen wie Kreuzfahrtschiffen und kleinen, aber hochsee-tüchtigen Yachten unterscheiden. Kreuzfahrtschiffe als Auswanderer- oder Flüchtlingsschiffe zu verwenden wird höchstwahrscheinlich an der Weigerung der Anlandung in den Zielländern scheitern. Interessanter, jedoch gefährli-cher ist es, wenn Sie Zugriff auf eine Yacht haben. Der Ozean ist riesig, niemand wird sich um die zehntausend kleinen Schiffe kümmern, jedes davon zu unwichtig, um ein Kriegsziel zu sein. Gleichzeitig haben Sie eine enorme Reichweite, Nahrungsmittel für Wochen können mitgenommen werden, die notwendigen Zwischenstopps sind auch an kleinen Häfen möglich. Notfalls können Sie auch illegal an irgendeiner Küste an Land gehen. Der Nachteil ist jedoch auch offensichtlich, - es gibt bei weitem nicht genug Yachten für alle, das Schiff wird nur eine Nische für Wenige bleiben. Es ist anzunehmen, dass Schlepperbanden auf den Routen tätig werden.

Das Auto wird für fast alle die realistische Option sein. Es hat Platz für eine ganze Familie, mit einem Anhänger könnten Sie zusätzlich erheblich viele Dinge des täglichen Lebens mitnehmen. Decken, Gewand für den Winter, Medikamente, Kochgeschirr und so weiter. Es steht bei Ihnen vor der Haustür und ist jederzeit abfahrbereit. Sowohl jetzt als auch wenn die Granaten schon einschlagen. Die enorme Anzahl von Fahrzeugen macht Sie auch nicht zu einem wertvollen Ziel, wie in einem Fischschwarm ist es für einen Gegner schwer, genau Sie herauszupicken.

Was müssen Sie jetzt tun? Erstellen Sie eine Packliste und besorgen Sie sich 2 große Benzinkanister. Damit haben Sie die Möglichkeit jeden Punkt in Europa zu erreichen. Die Route können Sie jederzeit ändern, auch wenn die Autobahnen dicht sind oder eine Brücke gesprengt wurde, gibt es immer einen anderen Weg, den man nehmen kann. Ein

Autoatlas von Europa funktioniert auch noch, wenn das Handynetz und das GPS versagen. Beachten Sie, dass es bei chinesischen Autos Vorschrift ist, dass die Hersteller dem chinesischen Geheimdienst den Zugriff ermöglichen müssen. Es ist davon auszugehen, dass Cyberangriffe darauf abzielen werden, im geeigneten Augenblick die Kontrolle über ihr Fahrzeug zu übernehmen oder es unbrauchbar zu machen.

Mit einer der größten Vorteile des Fahrrads ist seine Unabhängigkeit von Treibstoff und Infrastruktur. Während Autos und Motorräder auf Treibstoff und Flugzeuge sowie Züge auf funktionierende Flughäfen und Bahnhöfe angewiesen sind, kann ein Fahrrad nahezu überall genutzt werden. Das ermöglicht eine flexible Routenwahl, die nicht durch Straßensperren oder zerstörte Infrastruktur eingeschränkt wird. Fahrräder können auch auf unbefestigten Wegen und in unwegsamem Gelände eingesetzt werden, was besonders in ländlichen oder zerstörten Gebieten von Vorteil ist. Auch weitgehend untrainierte Menschen können hundert Kilometer am Tag zurücklegen, in einer Woche sind so erstaunlich weite Distanzen zu schaffen. In gefährlichen Situationen kann es entscheidend sein, unauffällig zu bleiben. Fahrräder sind im Vergleich zu motorisierten Fahrzeugen nahezu geräuschlos und ermöglichen eine leise Fortbewegung. Das und die geringe Größe helfen, Aufmerksamkeit zu vermeiden und sicher durch gefährliche

Gebiete zu gelangen. Neben den praktischen Vorteilen bietet das Fahrradfahren auch psychologische Vorteile. Körperliche Anstrengung - Sie radeln ja stundenlang - hat in stressigen Fluchtsituationen den Vorteil, sich nicht hilflos und ausgeliefert zu fühlen. Fahrräder sind im Vergleich zu anderen Verkehrsmitteln kostengünstig und sie haben geringere Wartungskosten. In einer Fluchtsituation, in der der finanzielle Ressourcen knapp sein können, ist dies ein erheblicher Vorteil. Zudem sind Fahrräder in vielen Regionen leicht verfügbar und leicht zu reparieren, wenn sie beschädigt sind. Mitnehmen lässt sich allerdings nicht viel, ein Fahrradanhänger oder Packtaschen ermöglichen einen Schlafsack und ein Zelt. Das Fahrrad ist das Mittel der Wahl, wenn der Krieg in einer sehr heißen Phase ist und Sie kein Auto haben.

Einer der größten Vorteile der Flucht zu Fuß ist die völlige Unabhängigkeit von Verkehrsmitteln und Infrastruktur. Während Autos auf Straßen angewiesen sind, kann man zu Fuß nahezu überall hingehen. Dies ermöglicht eine Routenwahl, die nicht von Autos benutzt werden kann. Man kann sich durch Wälder, über Felder und über Berge bewegen, dort wo es auch militärisch keine schnellen Bewegungen geben wird. Wer zu Fuß unterwegs ist, nimmt seine Umgebung am besten wahr, kann Truppenbewegungen, verdächtige Fahrzeuge und Drohnen schnell und unbemerkt wahrnehmen und in Deckung gehen. Funktionale

Outdoorkleidung, ein Wanderrucksack und ein Schlafsack sind eine entscheidende Überlebenshilfe. Die eigene körperliche Fitness ist allerdings eine nicht zu unterschätzende Einschränkung der Effektivität, wenn man zu Fuß unterwegs ist.

Flugzeug:

- Ermöglicht **schnelle und weite Flucht**, aber mit minimalem Gepäck.
- Flughäfen können Ziele von Angriffen, Sabotage oder Terroranschlägen und daher geschlossen sein.
- **Rechtzeitige** Vorbereitung nötig (Visum, Bankkonto im Zielland).
- Späte Flucht ist teuer und möglicherweise unmöglich.

Zug:

- Erreicht viele Städte in Europa, oft auch **mittelgroße Orte mit Infrastruktur**.
- Kann durch Sabotage oder technische Angriffe beeinträchtigt werden.
- Nur begrenzt Gepäck möglich.
- Bleibt länger nutzbar als Flugzeuge, aber mit Einschränkungen.

Schiff:

- Große Schiffe (z. B. Kreuzfahrtschiffe) sind als Fluchtmittel ungeeignet.
- Hochseetüchtige Yachten bieten Unabhängigkeit und eine hohe Reichweite.
- Zugang zu einer Yacht ist nur **für wenige realistisch** oder zu teuer.

Auto:

- **Beste Fluchtmöglichkeit** für die meisten Menschen.
- Bietet Platz für Familie und notwendiges Gepäck.
- Flexibel und jederzeit einsatzbereit.
- Zusätzliche Benzinkanister sichern Reichweite in Europa.
- Papierkarten/Autoatlas als Backup für GPS nutzen.
- Chinesische Autos könnten durch Cyberangriffe lahmgelegt werden.

Fahrrad:

- **Unabhängig** von Treibstoff und Infrastruktur.
- Ermöglicht eine unauffällige, geräuschlose Fortbewegung.
- Körperliche Fitness ist erforderlich, aber auch untrainierte Personen können weite Strecken zurücklegen.

- Nur begrenztes Gepäck möglich (Packtaschen oder Anhänger empfehlenswert).

Zu Fuß:

- Maximale Unabhängigkeit von Straßen und Infrastruktur.

- Möglichkeit, sich unentdeckt durch Wälder und unwegsames Gelände zu bewegen.

- Erfordert gute körperliche Verfassung.

- Outdoorausrüstung (Rucksack, Schlafsack, Kleidung) essenziell für Überleben.

- **Last Minute Fluchtart**

WOHIN?

Je nachdem wie Sie die bisherigen Fragen Was dann? Wann? Und Womit? beantwortet haben, werden Sie einsehen, dass die Frage nach dem wohin nicht mehr wie ein Katalog aus dem Reisebüro ist, wo man das schönste Ziel auswählen kann. Wenn Sie sich für eine späte Flucht mit dem Auto entschieden haben, werden Sie nicht so leicht nach Neuseeland kommen. Nur solange die Lage relativ stabil ist, ist eine Flucht in Form von Auswandern oder mittels Langzeitvisa möglich. Das gibt Ihnen die Möglichkeit, aus allen für Sie geeigneten Destinationen auszuwählen und sich im Wunschland eine neue Existenz aufzubauen. Denn mit Asyl oder anderweitiger Unterstützung können Sie noch nicht rechnen, Sie sind auf sich selbst gestellt.

Freunde, Familie oder Bekannte im Zielland zu haben, kann diesen Prozess erheblich erleichtern. Einer der größten Vorteile ist die schnellere Integration, da man direkt Anschluss an eine soziale Gruppe findet und weniger isoliert ist. Statt alleine neue Kontakte knüpfen zu müssen, kann man auf ein bestehendes Netzwerk zurückgreifen, das Unterstützung und Orientierung bietet.

Ein weiterer wichtiger Aspekt ist die Hilfe bei bürokratischen Angelegenheiten. In einem neuen Land können Behördengänge, Anmeldungen oder auch die Jobsuche kompliziert und zeitaufwendig sein. Freunde oder Bekannte, die bereits Erfahrung mit den lokalen Abläufen haben, können wertvolle Unterstützung leisten und viele Hürden aus dem Weg räumen. Besonders bei der Wohnungssuche erweist sich ein Netzwerk oft als hilfreich, da Insider-Tipps und persönliche Empfehlungen den Zugang zu guten Wohnmöglichkeiten erleichtern.

Neben der praktischen Unterstützung bieten Freunde auch wertvolles Insiderwissen über die Gepflogenheiten und den Alltag im neuen Land. Solche Informationen lassen sich nur schwer aus Büchern oder dem Internet gewinnen, da sie oft auf persönlichen Erfahrungen basieren. Dies hilft nicht nur dabei, Fettnäpfchen zu vermeiden, sondern auch, sich schneller im neuen Umfeld wohlzufühlen.

Auch berufliche Chancen können durch ein bestehendes Netzwerk verbessert werden. Kontakte zu Unternehmen oder Empfehlungen durch Bekannte erhöhen die Chancen auf eine Anstellung oder auf geschäftliche Möglichkeiten. In vielen Ländern spielt das persönliche Netzwerk eine entscheidende Rolle im Berufsleben, sodass vorhandene Beziehungen den Einstieg erheblich erleichtern können.

Ein weiterer Vorteil liegt in der Sicherheit und Unterstützung, die Freunde bieten. Sollte es zu Problemen oder unerwarteten Schwierigkeiten kommen, hat man direkte Ansprechpartner vor Ort, die helfen können. Sei es bei gesundheitlichen Herausforderungen, finanziellen Engpässen oder juristischen Problemen – Freunde im Zielland sind eine wichtige Stütze und sollten daher bei der Wahl eines neuen Lebensmittelpunktes in ihre Überlegungen miteinbezogen werden.

Auch als Europäer werden Sie nicht überall gerne willkommen geheißen. Am einfachsten gestaltet sich ein Umzug innerhalb der Europäischen Union, hier können Sie jederzeit ohne besondere Auflagen ihren Wohnort ändern, arbeiten und Ihre Kinder in die Schule schicken. Diese Option bietet sich an, um vom Osten weiter in den Westen zu ziehen. Eine Besonderheit sind die Überseegebiete der Europäischen Union, dazu gehören auch Trauminseln wie Guadeloupe, Martinique, Aruba und größere Gebiete wie Französisch-Guayana und Grönland. Allen diesen Gebieten ist jedoch gemein, dass deren Aufnahmekapazität begrenzt ist. Größere Menschenmengen können diese Inseln nicht aufnehmen, rechnen Sie damit, dass diese Orte nach dem Einsetzen von Fluchtbewegungen aus Europa höchstwahrscheinlich einen Aufnahmestopp verhängen werden. Kulturell mit uns verbundene Länder wie Australien, Neuseeland, Kanada oder Chile werden voraussichtlich Kontingente für Flüchtlinge bereitstellen, aber genau deswegen werden Sie auch zu den beliebtesten Überseedestinationen gehören. Weiters stellt sich noch die Frage, inwieweit Australien und Neuseeland in einen Chinesisch-

Taiwanesischen Krieg mit hineingezogen werden. Südamerika ist jener Kontinent, der aktuell von den Spannungsgebieten auf diesem Planeten am weitesten entfernt ist, das macht es als Ziel besonders attraktiv. Auch, dass im Wesentlichen nur zwei Sprachen gesprochen werden, Spanisch und Portugiesisch, macht es wesentlich einfacher, dort seinen Aufenthalt in ein anderes Land zu verlegen, wenn sich die lokale Lage als ungünstig herausstellt. Die Größe, aber auch seine vielfältige Wirtschaft ermöglicht es auch, dort wirtschaftlich Fuß zu fassen. Bedenken Sie, dass niedrige Lebenshaltungskosten Hand in Hand mit einem dürftigen Sozialsystem, schlechtem Arbeitnehmerschutz und niedrigen Gehältern gehen.

Ob und wie die USA auf eine Fluchtbewegung aus Europa reagieren wird, wage ich nicht zu prognostizieren. Generell ist das natürlich auch von der vorherrschenden politischen Lage abhängig und inwieweit die USA noch Teil der Nato sind. So lukrativ die USA mit ihrer enormen Wirtschaftsleistung und der geringen Sprachbarriere erscheint, so muss man auch berücksichtigen, dass die USA im Extremfall eines Nuklearkriegs zur Todesfalle wird.

Länder in Asien wie Japan, Taiwan und Südkorea haben zwar ein sehr hohes Niveau, mit perfekten öffentlichen Diensten, aber der Elefant im Raum ist hier China, die derzeit die größte Kriegsflotte der Welt erschafft. Diese enorme Aufrüstung lässt wenig Zweifel an Chinas Absichten. China hat Grenzstreitigkeiten mit praktisch jedem Nachbarland und scheut auch vor illegalen Okkupationen im Südchinesischen Meer nicht zurück. Attraktiver sind einige Länder Südostasien: Thailand, Malaysien und Indonesien werden zwar auch von China bedroht, sind aber trotzdem weit genug weg, dass Sie dort vorerst sicher sind. Allerdings gilt es hier, die Sprachbarriere zu meistern.

Unverändert schlecht ist die Sicherheitslage in weiten Teilen Zentralafrikas und im Nahen Osten. Sollte die UNO in die Bedeutungslosigkeit absinken und das Annektieren von Ländern oder Provinzen wieder an der Tagesordnung stehen, sind viele Länder Zentralafrikas durch die schon bestehenden ethnischen Konflikte stark betroffen. Es ist anzunehmen, dass noch weitere Krisenherde oder Kriege hinzukommen, die - gepaart mit Ausfällen in der Nahrungsmittelversorgung - Zentralafrika oder den Nahen Osten zu keinem idealen Ziel machen.

Nordafrika und die Türkei dagegen sind interessant als nächstgelegene Gebiete, die von der EU aus erreicht werden können, ähnlich wie viele Russen ins verfeindete Nachbarland Georgien geflüchtet sind, weil es das einzig real erreichbare und finanziell mögliche Ausreiseziel war. Auch wenn der Aufenthalt dort höchstwahrscheinlich nicht das Endziel ist, als Zwischenstopp bzw. erste Anlaufstelle, um die Lage zu beobachten und die Pläne anzupassen, ist es aufgrund der Nähe eine Überlegung wert.

Aufgrund der Massenflucht, die ein Krieg in Europa höchstwahrscheinlich auslösen wird, wird das Auswandern oder die Flucht in ferne oder exotische Länder schneller zum Erliegen kommen als Ihnen lieb ist. Einschränkungen im Flugverkehr, Hürden bei der Einreise, bis hin zum Einreiseverbot, bzw. Ausreiseverbot der kriegsfähigen Bevölkerung, werden diese Destinationen unerreichbar machen. Wer bis zu einer der höchsten Eskalationsstufen wartet oder warten muss, hat oft nur noch die Möglichkeit, mit seinem Auto eine neue Unterkunft zu finden, in der es sicherer ist als in der bisherigen. Schon ein paar dutzend Kilometer außerhalb von Städten haben Sie genug Abstand zu Industriebetrieben, Militärbasen, kritischer Infrastruktur und Menschenmassen. Weder für militärische Langstreckenwaffen als auch für Saboteure und Terroristen sind Sie dort ein lukratives Ziel. Auch ist es wahrscheinlich, dass die Nahrungsmittelversorgung dort länger aufrechterhalten wird, da landwirtschaftliche Betriebe vor Ort noch laufen, während der Supermarkt in der Stadt ohne Strom nicht funktionieren wird. Sollten Sie in einer Gegend wohnen, die ein wichtiges militärisches Ziel sein könnte, überlegen Sie, jetzt umzuziehen: z.B. in die Nähe der Kinder oder Verwandten, ansonsten in eine Kleinstadt in der Provinz.

Fazit ist, dass man entweder rechtzeitig beginnt, das Auswandern zu organisieren, um in eine geopolitisch sicherere Gegend zu gelangen und dort auch Jahre zu bleiben. Oder man gehört zu denen, die ihr Glück versuchen, kurzfristig einen Flieger zu erwischen, wohin auch immer noch Flüge stattfinden und die Einreise möglich ist. Es ist anzunehmen, dass ein Großteil der Bevölkerung zuerst abwartet und bei Bedrohung mit dem Auto eine Gegend mit geringen Kampfhandlungen oder Bedrohungslage aufsucht.

Für den ersten Fall müssen Sie jetzt aktiv werden, für das zweite Szenario sollten Sie sich den Trigger Level überlegen, bei dem Sie zum Flughafen eilen um den letzten Flieger nicht zu verpassen. Für Letzteres sollten Sie außerdem einen praktischen Plan aufstellen, was Sie mitnehmen und was ihr Ziel ist.

Ein Blick auf die Global Peace Index Karte kann Ihnen bei der Einschätzung der Sicherheitslage anderer Ländern helfen.

Fluchtplan erstellen

Frühe vs. späte Flucht

- Frühe Flucht ermöglicht mehr Optionen, während späte Flucht stark eingeschränkt ist.
- Bei stabiler Lage ist Auswandern oder ein Langzeitvisum möglich.

- Bei später Flucht mit dem Auto sind weit entfernte Ziele unerreichbar.

Europa als Ziel

- Innerhalb der EU ist zurzeit ein Wohnortswechsel unkompliziert (keine besonderen Auflagen).
- Westliche EU-Staaten bieten Sicherheit und Infrastruktur.
- Überseegebiete der EU (z. B. Guadeloupe, Martinique, Französisch-Guayana, Grönland) haben begrenzte Aufnahmekapazität und könnten frühzeitig keine Flüchtlinge mehr aufnehmen.

Überseeziele

- **Australien, Neuseeland, Kanada, Chile**: Könnten Flüchtlingskontingente bereitstellen, sind aber begehrt.
- **Südamerika**: Weit entfernt von globalen Konflikten, sprachlich und wirtschaftlich vergleichsweise einfach anpassbar.
- **USA**: Ungewisse Migrationspolitik; könnte wirtschaftlich attraktiv sein, aber auch ein Hochrisikogebiet im Falle eines Nuklearkriegs.

Asien

- **Japan, Taiwan, Südkorea**: Hochentwickelt, aber von chinesischer Bedrohung betroffen.

- **Südostasien (Malaysia, Indonesien)**: Trotz chinesischer Einflussnahme möglicherweise sicherer, aber Sprachbarriere beachten.

Afrika & Naher Osten

- Große Teile Afrikas und des Nahen Ostens unsicher wegen politischer Instabilität und Versorgungsausfällen.
- **Nordafrika & Türkei**: Geographisch nahe an Europa und potenziell als Zwischenstation geeignet.

Flucht innerhalb des Landes

- Falls Ausreisen nicht mehr möglich ist, bieten ländliche Gebiete mehr Sicherheit als Städte.
- Abseits von kritischer Infrastruktur ist die Gefahr durch Angriffe, Sabotage und Terrorismus geringer.
- Nahrungsmittelversorgung auf dem Land könnte länger stabil bleiben als in Städten.

Fazit & Planung

- Frühzeitiges Auswandern ist der sicherste Weg, erfordert aber Vorbereitung.
- Wer fliegen will, muss den richtigen Zeitpunkt abpassen, bevor Flugrouten ausfallen.

- Wer bis zu einer späten Eskalationsstufe wartet, hat meist nur noch die Option einer kurzfristigen Flucht mit dem Auto.
- Ein praktischer Fluchtplan mit Ziel und Ausrüstung ist essenziell.

PRAKTISCHE TIPS ZUR FLUCHT

Eine sorgfältige Planung ist wichtig, um sich bestmöglich auf eine Flucht vorzubereiten. Eine der ersten Maßnahmen besteht darin, einen Notfallrucksack mit den wichtigsten Dingen zusammenzustellen, dessen Inhalt detailliert im Kapitel Notfallrucksack beschrieben wird.

Bei der Planung einer sicheren Fluchtroute sollten Sie zunächst sowohl Ihr Hauptziel als auch eine Alternative festlegen, falls Ihr ursprüngliches Ziel nicht mehr erreichbar ist. Im Falle einer Massenflucht müssen Sie mit chaotischen Zuständen rechnen. Der Verkehr wird voraussichtlich noch schlimmer sein als bei einem plötzlichen Wintereinbruch. Vermeiden Sie stark frequentierte Straßen, da diese blockiert oder kontrolliert sein könnten. Stattdessen sollten Sie auf Nebenwege oder Landstraßen ausweichen. Notieren Sie sich wichtige Orte entlang der Route auf einem Zettel, denn selbst wenn technische Hilfsmittel ausfallen, bleiben Wegweiser vorhanden.

Falls Ihr Ziel weit entfernt liegt, planen Sie Zwischenstopps ein und wechseln Sie sich beim Fahren ab. Verstopfte Straßen, Erschöpfung und psychischer Stress erhöhen das Unfallrisiko. Geschäfte und Gaststätten sind möglicherweise geschlossen. Ein ausreichender Vorrat an Toilettenpapier sollte immer im Auto mitgeführt werden. Ein Zwischenhalt bei Bekannten gibt Ihnen die Möglichkeit, eine Toilette zu nutzen, eine warme Mahlzeit einzunehmen und einige Stunden zu schlafen. Deshalb ist es ratsam, Ihr Netzwerk bereits im Voraus zu aktivieren, anstatt unvorbereitet mitten in der Nacht vor einer Tür zu stehen. Überlegen Sie zudem, ob Sie selbst Menschen auf der Flucht zumindest vorübergehend Unterstützung anbieten können.

Wenn Sie mit dem Auto flüchten, nehmen Sie idealerweise einen Reservekanister mit Treibstoff mit und fahren sie den Tank nicht mehr als halb leer. Wenn der Strom großflächig ausfällt, funktioniert auch keine Tankstelle mehr. Füllen Sie deshalb Treibstoff, Wasser und Nahrungsmittel bei jeder Gelegenheit auf. Nehmen Sie generell soviel wie möglich mit, es ist unklar, was Sie in Zukunft beschaffen können. Packen Sie, als ob Sie auf einen langen Campingurlaub fahren. Erstellen Sie eine Packliste mit Wasser, Nahrung, Kleidung, Decken, Wertsachen und Ausrüstung, die Sie mitnehmen werden. Wertsachen sollten Sie an schwer erreichbaren Orten wie unter den Sitzen, im Reserverad oder unter Abdeckungen verstecken.

Wenn Sie zu Fuß oder mit dem Fahrrad flüchten müssen, sind robuste Trekkingschuhe und ein wasserdichter Poncho unverzichtbar. Spanngurte helfen, den Notfallrucksack sicher am Gepäckträger zu befestigen. Ein Reifenreparaturset und eine Luftpumpe sorgen dafür, dass Sie auch bei einer Panne mobil bleiben.

Wenn Sie unterwegs nach einem Schlafplatz suchen, bieten sich verlassene Gebäude, dichte Wälder oder ungenutzte Bauernhöfe an. Diese Orte schützen zwar vor direkter Entdeckung, bieten jedoch keinen Schutz vor Räubern und Dieben. Parken Sie Ihr Auto in Fahrtrichtung und richten Sie Ihren Schlafplatz so ein, dass Sie ihn jederzeit verlassen können. Generell gilt es, Aufmerksamkeit zu vermeiden. Halten Sie sich unauffällig und bewegen Sie sich leise. In risikoreichen Gebieten sollten Sie elektronische Geräte ausschalten, um eine Ortung zu verhindern. Im Auto wird es auch in Sommernächten schnell eiskalt, Sie brauchen einen Schlafsack und dicke Decken, um auch notdürftig übernachten zu können.

Das Übernachten in einer beleuchteten Umgebung bzw. einer Wohngegend hat den Vorteil, dass Sie im Notfall leichter gesehen bzw. schneller um Hilfe rufen können. Gleichzeitig erhöht dies jedoch die Wahrscheinlichkeit, entdeckt zu werden.

Der Umgang mit anderen Flüchtlingen kann sowohl nützlich als auch riskant sein. Seien Sie wachsam und vertrauen Sie nicht sofort jedem. Geben Sie keine sensiblen Informationen zu Ihrer Route oder Ihren Vorräten preis, um sich nicht in Gefahr zu bringen.

Die Situation auf der Flucht kann sich jederzeit ändern. Flexibilität und Anpassungsfähigkeit sind wichtig. Passen Sie Ihre Strategie laufend an neue Gefahren und Gelegenheiten an und entscheiden Sie situativ, ob Ihr Hauptziel oder Ihr alternatives Ziel die bessere Option ist.

- **Notfallrucksack** gepackt haben.

- Haupt- und alternatives Ziel festlegen.

- Wichtige Orte der **Route auf Papier** notieren.

- Geplante Zwischenhalte reduzieren Unfallrisiko.

- Bekannte aufsuchen für Toiletten, Essen und Schlaf.

- Soviel wie möglich mitnehmen, packen Sie wie für einen Campingurlaub, Wertsachen verstecken.

- Treibstoff, Wasser und Nahrungsmittel **bei jeder Gelegenheit auffüllen.**

- Immer Toilettenpapier im Auto mitführen.

- Keine sensiblen Informationen zu Route oder Vorräten gegenüber Fremden preisgeben.

- Lage kann sich jederzeit ändern.

- Situativ entscheiden, ob Haupt- oder Alternativziel
  besser ist.

BLEIBEN - WAS GEGEN FLUCHT SPRICHT

Eine Flucht aus Europa bei drohender Kriegsgefahr mag auf den ersten Blick die richtige Entscheidung sein, birgt jedoch zahlreiche Herausforderungen und Risiken und ist auf jeden Fall auch eine Wette darauf, dass sich die Lage im Zielland besser entwickelt als zuhause. Es gibt keine absolute Garantie, dass ein anderes Land langfristig sicher bleibt. Globale Konflikte und große geopolitische Spannungen ziehen schwere wirtschaftliche Krisen herbei und können auch außerhalb Europas zu Instabilität führen. Eine Flucht erfordert finanzielle Mittel für Transport, Unterkunft und Neubeschaffung vom Notwendigsten. Freunde und die eigene Gemeinschaft sind oft schwer zurückzulassen, noch tragischer ist es, die Familie zurücklassen zu müssen. Dies stellt eine enorme psychische Belastung für alle Familienmitglieder dar. Zudem ist es nicht einfach, oder sogar verboten, in einem neuen Land sofort Arbeit zu finden, insbesondere ohne Sprachkenntnisse oder anerkannte Qualifikationen. Ein Neuanfang in einem fremden Land unter diesen Bedingungen kann überfordern. Wenn viele gut ausgebildete und wirtschaftlich leistungsfähige Bürger Europa verlassen, kann dies die gesellschaftliche und wirtschaftliche Stabilität für die Zurückgebliebenen zusätzlich gefährden. Zudem könnte eine Massenflucht Chaos auslösen, die Infrastruktur überlasten und die Verteidigungsfähigkeit schwächen. Nicht alle Regionen Europas sind im Kriegsfall gleichermaßen betroffen, die EU ist riesig, mehr als vier Millionen Quadratkilometer bieten eine enorme Anzahl an Optionen, den Kriegshandlungen aus dem Weg zu gehen. Binnenmigration innerhalb Europas ist eine Alternative zur Flucht in ferne Länder. Staaten mit stabilen Verteidigungsstrukturen oder weniger strategischer Bedeutung sind relativ gesehen sicherer. Prinzipiell ist das gegenwärtige Sicherheitsniveau in Europa eines der höchsten der Welt.

Während der Flucht sind Sie erheblich gefährdet, Sie haben vermutlich viel Geld mit, niemand kennt Sie, niemand vermisst Sie gleich. Auf der Straße sind Sie ein verwundbareres Ziel als in Ihrem Keller.

Eine Flucht aus Europa ist mit vielen Unsicherheiten verbunden. Neben praktischen und logistischen Herausforderungen gibt es moralische, gesellschaftliche und politische Überlegungen, die vielleicht dagegensprechen. Statt vorschnell zu fliehen, ist es sinnvoller sich auf Krisenszenarien vorzubereiten, Schutzmaßnahmen zu ergreifen und alternative Lösungen innerhalb Europas zu suchen.

- **Keine Garantie**, dass ein Zielland langfristig sicher bleibt – globale Konflikte können weltweit Instabilität verursachen.

- In Europa funktioniert die medizinische Versorgung, auch wenn Sie im Kriegsfall eingeschränkt sein könnte.

- Flucht von gut ausgebildeten und wirtschaftlich leistungsfähigen Bürgern gefährdet die gesellschaftliche und wirtschaftliche Stabilität.

- Es ist meist **sinnvoller, sich auf Krisenszenarien vorzubereiten**, Schutzmaßnahmen zu ergreifen und Lösungen innerhalb Europas zu suchen.

VORBEREITUNG AUF KRISEN UND ESKALATION

Maßnahmen ergreifen und Vorräte anlegen.

Unabhängig ob wir mit dem Auswandern liebäugeln oder mit dem Dableiben rechnen, am wichtigsten ist es, sich einen Vorrat von lebenswichtigen Dingen anzulegen. Denn weder die zukünftige Entwicklung noch der Zeitpunkt einer Krise lassen sich vorhersagen, deshalb sollten Sie Vorbereitungen treffen. Welche Vorräte Sie anlegen und für welchen Zeitraum, hängt von Ihrer Einschätzung der möglichen Eskalationsstufen ab. Unabhängig davon empfehlen Zivilschutzbehörden, mindestens einen Vorrat für etwa zwei Wochen im Haushalt zu haben. Sollte es jedoch zu einem Krieg mit der EU kommen, wäre ein deutlich umfangreicherer Vorrat ratsam – einschließlich Gegenständen des täglichen Bedarfs.

Eine Vorbereitung auf den Kriegsfall bedeutet nicht nur das Anlegen von Vorräten, sondern auch eine gute Planung von Schutzräumen, Fluchtrouten und der Umgang mit psychischen Belastungen. Eine Einkaufsliste finden Sie später im Kapitel Schutzraum.

Aktivitäten setzen

Neben dem Anlegen von Vorräten gibt es eine ganz wesentliche Aufgabe für Sie zu erledigen, nämlich die Menschen zu aktivieren und zu informieren. Denn man ist nicht alleine, und das Verhalten anderer Menschen beeinflusst unser eigenes Schicksal.

WIE BEREITE ICH MEINE FAMILIE AUF DEN KRIEG VOR?

Ein Kriegsausbruch gehört zu den schlimmsten Krisensituationen, die eine Familie erleben kann. Die Vorbereitung auf einen solchen Ernstfall kann Leben retten und Ängste reduzieren. Es ist daher wichtig, dass jeder in der Familie sich der Problematik bewusst ist und es einen klaren Plan gibt, um so im Notfall richtig handeln zu können. Eine strukturierte Planung hilft, im Chaos eines plötzlichen Konfliktausbruchs ruhig und zielgerichtet zu handeln. Nachdem wir in den vorigen Kapiteln die Art der Kriege beschrieben haben, die stattfinden können, geht es jetzt darum, der Familie klar zu machen, was passieren könnte und welche Antworten Sie geben wollen. Je nach Eskalationsstufe des gerade stattfindenden Kriegs überlegen Sie, welchen Gefahren Sie ausgesetzt sind, und wie Sie darauf reagieren. Zunächst sollten Sie entscheiden, ob Sie vorerst bleiben oder flüchten. Trotzdem sollten Sie Fluchtrouten und Treffpunkte festgelegen, indem Sie die sichersten Wege aus der Stadt oder dem Wohngebiet identifizieren. Karten und alternative Wege sind entscheidend, falls Hauptstraßen blockiert sind. Ebenso muss das Transportmittel gesichert sein. Ein stets vollgetanktes Auto kann im Ernstfall wertvolle Zeit sparen. Falls kein Auto vorhanden ist, sollte man andere Transportmöglichkeiten festlegen. Es empfiehlt sich zudem, alternative Unterkünfte zu identifizieren, etwa bei Verwandten oder Freunden. Ebenso entscheidend ist die Bestimmung sicherer Orte und Treffpunkte, falls Familienmitglieder getrennt werden. Diese Orte sollten leicht erreichbar sein. Zum Beispiel: Den Kindern sagen, sie sollen in der Schule bleiben, bis Sie abgeholt werden. Der primäre Treffpunkt wird meist das eigene Zuhause oder ein nahegelegenes sicheres Gebäude (Nachbarn, Freunde) sein. Für größere Eskalationen sollte auch ein regionaler Fluchtort festgelegt werden.

Wichtige Dokumente wie Pässe, Geburtsurkunden, medizinische Unterlagen und Eigentumsnachweise sollten in einer wasserdichten Mappe griffbereit sein. Zusätzlich ist ein Notfallrucksack für jedes Familienmitglied notwendig, der Wasser, Nahrung, Kleidung, Medikamente und grundlegende Hygieneartikel enthält.

Es kann in Krisenzeiten jederzeit zu Unterbrechungen und Störungen der Mobilfunknetze kommen, da diese oft überlastet oder beschädigt sind. Zudem sollte eine Telefonkette organisiert werden, damit jeder weiß, wen er im Notfall kontaktieren soll. Wichtige Nummern von Angehörigen sollten auf Papier notiert werden, falls elektronische Geräte nicht mehr funktionieren, Ihr Handy verloren geht oder es Ihnen abgenommen wird.

Ein weiteres wichtiges Thema ist der Umgang mit Ängsten und Sorgen. Krieg ist nicht nur eine physische, sondern auch eine psychische Belastung. Offene Gespräche innerhalb der Familie sind entscheidend, damit sich alle sicher fühlen. Kinder und Erwachsene sollten sich trauen, ihre Ängste auszusprechen, während gleichzeitig positive Perspektiven vermittelt werden. Eine starke Gemeinschaft innerhalb der Familie hilft, Stress und Angst besser zu bewältigen. Ablenkung durch Routinen und alltägliche Abläufe ist insbesondere für Kinder wichtig, um ein gewisses Maß an Normalität zu erhalten. Zeigen Sie Ihre Vorräte, Ihre Fluchtpläne, Ihre Notfallrucksäcke und so weiter. Zeigen Sie, dass Sie einen Plan haben, - das vermittelt Vertrauen und Zuversicht - auch für Sie. Krisen und auch Kriege können sich über Monate, oft auch Jahre hinziehen, aber aller Schrecken hat ein Ende. Bleiben Sie zuversichtlich, und erzählen Sie kleinen Kindern von einer wunderbaren Zukunft.

Da medizinische Versorgung im Kriegsfall oft nicht sofort verfügbar ist, sollte jeder in der Familie grundlegende Erste-Hilfe- und Selbstschutzmaßnahmen erlernen. Machen Sie einen Familienabend mit einem online Erste-Hilfe-Kurs und üben sie Wundversorgung und Wiederbelebung. Eine gut ausgestattete Notfallapotheke mit Medikamenten, Verbandszeug, Desinfektionsmittel und Schmerzmitteln kann im Ernstfall Leben retten, aber der Umgang damit will gelernt sein, üben sie jetzt. Auch der richtige Umgang mit Feuer und Rauch ist relevant, um sich vor Bränden oder Rauchgasvergiftungen zu schützen. Wo sind die Notausgänge? Im Brandfall nicht den Lift nehmen, sich schnell ein feuchtes Tuch vor den Mund halten und auf allen vieren zum Ausgang gelangen sind Dinge, die mit Kindern besprochen gehören.

Die Vorratshaltung ist ein weiteres essenzielles Thema. Da ein Krieg die Versorgung mit Lebensmitteln und Wasser unterbrechen kann, bereiten Sie Ihre Notrationen vor und überprüfen und erneuern diese in regelmäßigen Abstand. Ein Kübel ist praktisch, wenn die Klospülung nicht mehr funktioniert. Geben Sie jedem Familienmitglied eine Aufgabe, so fühlen sich alle beteiligt und Sie sind entlastet.

Während eines Krieges kann der Zugang zu Banken und Geldautomaten stark eingeschränkt sein. Daher sollte

Bargeld in kleinen Scheinen bereitgehalten werden, da Wechselgeld oft knapp ist.

Ein weiteres zentrales Element ist die Informationsbeschaffung. In Kriegszeiten ist es entscheidend, gut informiert zu bleiben. Offizielle Meldungen von Behörden und internationalen Nachrichtendiensten sind zuverlässigere Quellen, während in soziale Medien oft Fehlinformationen verbreitet werden. Nehmen Sie nicht alles für bare Münze, was von Influencern erzählt wird. Gerade wenn z.B. Medikamente rar sind, werden zum Teil haarsträubende Tips gegeben. Denken kann manchmal Leben retten.

Die Vorbereitung auf den Ernstfall kann Ängste reduzieren und die Sicherheit der Familie erheblich verbessern. Ein gut strukturierter Notfallplan, klare Kommunikation, ausreichende Vorräte und grundlegende Erste-Hilfe-Kenntnisse sind wichtig, um bestmöglich gewappnet zu sein. Durch rechtzeitige Vorsorge kann das Risiko für jedes Familienmitglied minimiert werden, und die Chancen auf eine sichere Bewältigung der Krise steigen erheblich.

Entwicklung eines Notfallplans

- Jeder in der Familie sollte sich der Kriegsgefahr bewusst sein und **einen klaren Plan** haben, was zu tun ist.

- Identifikation der Eskalationsstufe des aktuellen Krieges und Erklärung der daraus resultierenden Gefahren. Setzen der notwendigen Schritte.
- **Entscheidung, ob man bleibt oder flüchtet.**

Fluchtrouten und Treffpunkte

- Festlegung der sichersten Wege aus der Stadt oder dem Wohngebiet.
- Karten und alternative Wege vorbereiten für den Fall von Straßensperrungen.
- Sicherstellung eines **vollgetankten Autos** oder anderer Transportmöglichkeiten.
- Bestimmung von sicheren Unterkünften und Treffpunkten für den Fall einer Trennung.

Wichtige Dokumente und Notfallrucksack

- Aufbewahrung wichtiger Dokumente wie Pässe, Geburtsurkunden, medizinische Unterlagen in wasserdichten Mappen.
- **Notfallrucksack für jedes Familienmitglied** mit Wasser, Nahrung, Kleidung, Medikamenten und Hygieneartikeln.
- Schriftliche Notierung wichtiger Telefonnummern.

Umgang mit Ängsten und Sorgen

- Offene Gespräche innerhalb der Familie über Ängste und Sorgen führen.
- Vermittlung positiver Perspektiven und Aufrechterhaltung von Routinen für Kinder.
- Sicherstellen, dass die Familie **Vertrauen in den Notfallplan** hat und ihn auch versteht.

Erste-Hilfe und Selbstschutz

- Grundlegende **Erste-Hilfe-Maßnahmen erlernen** und üben (Wundversorgung, Wiederbelebung, etc.). Erste-Hilfe Buch kaufen.
- **Notfallapotheke** mit Medikamenten, Verbandszeug und Schmerzmitteln bereitstellen und regelmäßig üben.
- Umgang mit Feuer und Rauch (Notausgänge, feuchtes Tuch vor den Mund, etc.).

Vorratshaltung

- Vorräte an Lebensmitteln wie Reis, Nudeln, Konserven und Trockenfrüchten anlegen.
- **Wasserreserve** von mindestens drei Litern pro Person und Tag für zwei Wochen aufstocken.
- Hygieneartikel wie Toilettenpapier, Seife, Zahnpasta und Damenhygieneprodukte bereithalten.

Bargeld und Finanzielle Vorsorge

- Bereithaltung von Bargeld in kleinen Scheinen, da der Zugang zu Banken und Geldautomaten eingeschränkt sein kann.

Informationsbeschaffung

- Zuverlässige Quellen wie offizielle Behörden und internationale Nachrichtendienste nutzen.

- Kritisches Denken anwenden, um Fehlinformationen in Medien zu erkennen.

WIE BEREITE ICH MEINE FREUNDE UND BE-KANNTEN AUF DEN KRIEG VOR?

Die Vorbereitung auf einen möglichen Krieg ist nicht nur eine individuelle Angelegenheit, sondern auch eine Verantwortung gegenüber den Menschen, die uns nahestehen. In Krisenzeiten ist eine starke Gemeinschaft von unschätzbarem Wert, da gegenseitige Unterstützung das Überleben erleichtert und die psychische Belastung reduziert. Daher ist es entscheidend, Freunde und Bekannte auf potenzielle Gefahren vorzubereiten und gemeinsam Strategien zu entwickeln, um sicher durch schwierige Zeiten zu kommen.

Der erste Schritt besteht darin, die Menschen in unserem Umfeld über die aktuelle Lage und mögliche Bedrohungen zu informieren. Viele nehmen Warnzeichen nicht ernst oder verdrängen die Lage, weshalb es wichtig ist, sachlich aufzuklären. Machen Sie klar, dass Propaganda und das Verbreiten von Fehlinformationen, das Finanzieren von radikalen Organisationen und Parteien und die lächerliche Darstellung unserer Politiker und Verantwortlichen in den sozialen Medien eine gezielte Kriegshandlung gegen die Demokratie und den Rechtsstaat ist. In Ländern mit strikter Internetzensur werden solcherart Nachrichten durch die Zensur blockiert. Interessanterweise finden Sie in unseren Social-Media-Kanälen jedoch kaum Propaganda, die Diktatoren lächerlich machen.

Neben der allgemeinen Aufklärung ist es entscheidend, Notfallpläne zu besprechen und anzuregen, dass jeder in seinem Haushalt solche Pläne entwickelt. Erzählen Sie über Ihre eigene Planung. Freunde und Bekannte können alternative Zufluchtsorte außerhalb von ihrem Zuhause bereitstellen, falls eine Evakuierung notwendig wird. Bieten Sie Ihr eigenes Zuhause als Zwischenstopp an. Es ist hilfreich, diese Pläne gemeinsam zu besprechen, um Lösungen zu finden, die für alle praktikabel sind.

Ein weiteres essenzielles Thema ist die Vorratshaltung. Viele Menschen neigen dazu, erst in einer akuten Krise Vorräte anzulegen, diese Panikkäufe führen dann erst recht zu Versorgungsengpässen. Außerdem begibt man sich dabei unnötig in Gefahr. Um dem vorzubeugen, ist es sinnvoll,

Freunde und Bekannte frühzeitig dazu zu ermutigen, sich mit den wichtigsten Dingen einzudecken.

Neben den logistischen und praktischen Vorbereitungen spielt die psychische Stabilität eine ebenso große Rolle. Eine Kriegssituation bedeutet eine extreme Belastung für alle Betroffenen, weshalb es wichtig ist, Ängste und Sorgen ernst zu nehmen. Nicht jeder kann mit der Situation gleich gut umgehen. Panikattacken oder Depressionen sind erwartbare psychische Zustände. Helfen Sie ihren Freunden, wenn Sie Hilfe brauchen und schämen Sie sich nicht um Unterstützung zu fragen. In solchen Zeiten ist der Zusammenhalt wesentlich, da soziale Bindungen helfen, Hoffnung zu bewahren. Ablenkung durch gemeinsame Aktivitäten und die Gewissheit, nicht allein mit den Problemen zu sein, bewirkt, dass die Situation weniger bedrohlich erscheint.

Ein weiterer Aspekt, der oft unterschätzt wird, ist, dass im Kriegsfall, aber eventuell auch schon davor viele Dinge und Leistungen entweder nicht mehr verfügbar oder unbezahlbar sind. Spätestens wenn Millionen Menschen bei der Armee sind, wird es einen erheblichen Mangel an Handwerkern und aber auch an Ersatzteilen geben. Gute Freunde werden Sie auch in Notsituationen nicht fallen lassen. Bedenken Sie, dass auch Sie so ein Freund sein sollten.

Letztendlich ist es von großer Bedeutung, dass niemand sich allein auf eine potenzielle Krise vorbereitet.

Gemeinsam kann eine Gruppe von Freunden und Bekannten eine stabile und sich gegenseitig unterstützende Gemeinschaft bilden, die es erleichtert, schwierige Zeiten zu überstehen. Vorräte und Ressourcen tauschen und regelmäßige Treffpunkte und Zeiten zum Informationsaustausch sind ebenfalls ratsam. Nur durch offenen Austausch, frühzeitige Planung und gegenseitige Hilfe steigen die Chancen auf ein sicheres Überleben erheblich.

Information und Aufklärung

- Freunde und Bekannte über die aktuelle Lage und mögliche Bedrohungen informieren.
- Aufklärung über Propaganda und Fehlinformationen in sozialen Medien.
- Ein **gemeinsames Verständnis der Situation** schaffen, um Überforderung zu vermeiden.

Notfallpläne entwickeln

- Notfallpläne besprechen und sicherstellen, dass jeder einen solchen Plan für seinen Haushalt hat.
- **Alternative Zufluchtsorte** außerhalb des eigenen Zuhauses festlegen.
- Gemeinsame Besprechung der Pläne, um praktische Lösungen für alle zu finden.

Vorratshaltung

- Freunde und Bekannte frühzeitig dazu **ermutigen, Vorräte anzulegen**, um Panikkäufe zu vermeiden.
- Ausrüstung teilen, wo es Sinn macht.

Psychische Stabilität und Unterstützung

- Ängste und Sorgen ernst nehmen und offen darüber sprechen.
- **Für Freunde da sein**, die panisch oder depressiv reagieren.
- Gemeinsame Aktivitäten als Ablenkung und zur Förderung des Zusammenhalts.
- Sicherstellen, dass niemand mit seinen Ängsten oder Problemen allein bleibt.

Verfügbarkeit und Preise von Ressourcen

- Bewusstsein für die Möglichkeit, dass wichtige Leistungen und Ressourcen nicht mehr verfügbar oder unbezahlbar sein könnten.
- Notwendigkeit, Handwerker und Ersatzteile frühzeitig zu organisieren.

Gemeinsame Unterstützung und Zusammenhalt

- Eine starke Gemeinschaft von Freunden und Bekannten bilden, um schwierige Zeiten gemeinsam zu überstehen.

- Vorräte und Ressourcen tauschen, regelmäßige Treffpunkte und Austauschzeiten einplanen.
- Offener Austausch und frühzeitige Planung erhöhen die Chancen auf ein sicheres Überleben.

WIE BEREITE ICH MEINE GEMEINDE UND LOKALPOLITIKER AUF DAS THEMA KRIEG VOR?

Die Vorbereitung auf eine potenzielle Krise oder einen Krieg ist nicht nur eine individuelle Verantwortung, sondern eine gemeinschaftliche Aufgabe. Eine gut vorbereitete Gemeinde kann besser auf Herausforderungen reagieren und mehr Unterstützung bereitstellen. Dabei spielen sowohl die Bürger als auch die Lokalpolitiker eine wichtige Rolle. Durch rechtzeitig gesetzte Maßnahmen und eine organisierte Zusammenarbeit können Sicherheit und Widerstandsfähigkeit der Gemeinschaft erheblich verbessert werden.

Eine der wichtigsten Maßnahmen ist die Organisation von Informationsveranstaltungen. Viele Menschen sind sich der potenziellen Gefahren nicht bewusst oder unterschätzen die Auswirkungen eines Krieges auf das tägliche Leben. Daher ist es essenziell, die Gemeinde und die Lokalpolitiker über die aktuelle Lage und mögliche Bedrohungen zu informieren. Experten aus verschiedenen Bereichen wie

Zivilschutz, Militär, Medizin und Psychologie sollten eingeladen werden, um fundierte Informationen und praktische Ratschläge zu geben. Solche Veranstaltungen sollten regelmäßig stattfinden, um das Bewusstsein aufrechtzuerhalten und neue Entwicklungen zu berücksichtigen.

Die Entwicklung von Notfallplänen ist ein zentraler Bestandteil der Vorbereitung. Lokalpolitiker der Gemeinde sollten mit Experten zusammenarbeiten, um konkrete Pläne für den Ernstfall zu erstellen. Diese Pläne sollten Evakuierungsrouten festlegen, sichere Orte bestimmen und klare Kommunikationsstrategien beinhalten. Ein besonderer Fokus muss auf die Unterstützung von besonders schutzbedürftigen Personen gelegt werden, darunter ältere Menschen, Kinder und Menschen mit Behinderungen. Durch regelmäßige Anpassung und Probeläufe dieser Pläne kann sichergestellt werden, dass sie stets aktuell und auch umsetzbar sind.

Eine weitere wichtige Maßnahme ist die Bereitstellung von Vorräten und Ressourcen. In Krisenzeiten könnten Versorgungswege unterbrochen oder stark eingeschränkt sein. Was ist, wenn die Geschäfte in der Gemeinde nicht mehr ausreichend beliefert werden? Daher ist es wichtig, dass die Gemeinde Notvorräte für Lebensmittel, Medikamente und andere lebenswichtige Dinge lagert. Denn nicht jeder wird sich einen privaten Notvorrat angelegt haben, viele hoffen, dass Sie nie betroffen sein werden. Gemeindeeinrichtungen wie Schulen oder Turnhallen könnten als Lager- und Verteilzentren dienen. Ein klar strukturierter Plan zur gerechten Verteilung der Ressourcen verhindert Chaos und sorgt dafür, dass niemand zurückgelassen wird.

Neben der Versorgung mit materiellen Ressourcen spielt auch die Schulung der Menschen eine wichtige Rolle. Erste-Hilfe-Kurse und Selbstschutztechniken können in einer Kriegssituation Leben retten. Daher sollten regelmäßig Schulungen angeboten werden, die von lokalen Gesundheitsorganisationen oder freiwilligen Experten durchgeführt werden. Hier können grundlegende Maßnahmen wie die Wundversorgung, Herz-Lungen-Wiederbelebung und der Umgang mit psychischem Stress vermittelt werden. Auch Selbstschutztechniken, die das Verhalten in Gefahrensituationen abdecken, können helfen, das Sicherheitsgefühl der Bürger zu stärken.

Zu den verfügbaren Ressourcen der Gemeinde gehören nicht nur die Feuerwehr, sondern auch lokale Baufirmen. Schäden durch Kriegseinwirkung oder durch Sabotage lassen sich von den Betroffenen meist nicht mehr aus eigener Kraft instand setzen und im Normalfall kommen Versicherungen für Kriegsschäden nicht auf. Die Gemeinde sollte hier aktiv werden, um Arbeitsgruppen und Arbeitseinsätze zu organisieren und zu koordinieren, damit die Instandhaltung einer minimalen Infrastruktur — auch für private

Haushalte - im Fall von Kriegsschäden gewährleistet ist. Finanzielle Notfallfonds könnten eingerichtet werden, um Menschen in wirtschaftlicher Notlage zu unterstützen. Lokale Unternehmen sollten Strategien entwickeln, um ihre Dienstleistungen auch in Krisenzeiten aufrechterhalten zu können.

Um die Bewegungsfreiheit von Terroristen, Saboteuren und Plünderern einzuschränken, sollte die Bevölkerung aufgefordert werden, das Gemeindegebiet sorgfältig nach verdächtigen Geschehnissen und Personen zu durchkämmen und diese zu melden. Hierfür sind besonders jene Personengruppen geeignet, die sich ohnehin regelmäßig im Gemeindegebiet bewegen. Je nach Größe einer Gemeinde ist es zielführend, Beobachtergruppen zu organisieren und eine Meldestelle einzurichten, die gegebenenfalls Nachforschungen anstellt.

Ein funktionierendes Kommunikationsnetzwerk ist in einer Krisensituation von unschätzbarem Wert. Digitale Kommunikationswege wie soziale Medien, Apps und offizielle Webseiten der Gemeinde sollten genutzt werden, um wichtige Informationen schnell und effizient weiterzugeben. Gleichzeitig sollte sichergestellt werden, dass alternative Kommunikationsmittel wie Funkgeräte oder Notfall-Radios zur Verfügung stehen, falls das Internet oder Mobilfunknetze ausfallen. Es kann hilfreich sein,

Notfallkontaktstellen oder/und Anschlagtafeln einzurichten, an denen Bürger Informationen erhalten und weitergeben können.

Ein starkes Gemeinschaftsgefühl ist in Krisenzeiten besonders wertvoll. Damit sich Menschen unterstützen und gegenseitig helfen, ist es wichtig, den Zusammenhalt in der Gemeinde aktiv zu fördern. Regelmäßige Treffen, gemeinsame Projekte und lokale Veranstaltungen stärken das Vertrauen zwischen den Bürgern und schaffen ein Netzwerk, das in schwierigen Zeiten stabil bleibt. Nachbarschaftsnetzwerke entlasten den Staat, sodass jeder, insbesondere auch alleinstehende oder vulnerable Personen, dezentral Unterstützung erhält. Dies gewährleistet eine kontinuierliche Unterstützung dieser Personen auch bei Ausfall des Staates und seiner Institutionen. Es ist hier auch zu bedenken, dass im Kriegsfall in der Regel mit einer Zunahme von vulnerablen Personen gerechnet werden muss: Soldaten werden eingezogen, Menschen ziehen weg, verletzte oder kranke Personen können nicht mehr in Krankenhäusern behandelt werden.

Die psychologische Unterstützung der Gemeindemitglieder ist besonders wichtig, da Kriegssituationen eine enorme emotionale Belastung darstellen. Die Bereitstellung von Seelsorge- und Beratungsangeboten kann helfen, Traumata zu lindern und den Menschen Hoffnung zu geben.

Die Vorbereitung einer Gemeinde auf den Ernstfall ist eine umfassende Aufgabe, die nur durch gemeinschaftliches Engagement bewältigt werden kann. Letztendlich ist es die Stärke der Gemeinschaft, die darüber entscheidet, wie gut eine Gemeinde eine Krise übersteht. Indem wir als Bürger Verantwortung übernehmen und vorausschauend handeln, können wir uns und unsere Mitmenschen bestmöglich schützen.

Informationsveranstaltungen organisieren

- Aufklärung der Gemeinde und Lokalpolitiker über aktuelle Bedrohungen und die Auswirkungen eines Krieges.
- Experten aus Zivilschutz, Militär, Medizin und Psychologie einladen, um fundierte Informationen zu vermitteln.
- Regelmäßige Veranstaltungen zur Aufrechterhaltung des Bewusstseins und zur Berücksichtigung neuer Entwicklungen.

Entwicklung von Notfallplänen

- Zusammenarbeit zwischen Lokalpolitikern und Experten zur Erstellung konkreter Notfallpläne.
- Festlegung von Evakuierungsrouten, sicheren Orten und klaren Kommunikationsstrategien.

- Unterstützung besonders schutzbedürftiger Personen (z. B. ältere Menschen, Kinder, Menschen mit Behinderungen, Alleinstehende, ...).

Bereitstellung von Vorräten und Ressourcen

- Lagerung von Notvorräten (Lebensmittel, Medikamente, Verbandsmaterial, Notschlafstellen) für die Gemeinde.
- Gemeindeeinrichtungen als Lager- und Verteilzentren nutzen.
- Personengruppen organisieren zur Unterstützung und für Beobachtungsaufgaben.

Funktionierendes Kommunikationsnetzwerk

- Nutzung digitaler Kommunikationsmittel wie soziale Medien und Gemeinde-Webseiten.
- Bereitstellung alternativer Kommunikationsmittel wie Funkgeräte oder Notfall-Radios.
- Einrichtung von Notfallkontaktstellen für Bürger, um Informationen weiterzugeben.

Schulungen und Ausbildung

- Regelmäßige Erste-Hilfe-Kurse und Selbstschutztrainings anbieten.
- Vermittlung grundlegender Maßnahmen wie Wundversorgung, Herz-Lungen-Wiederbelebung und Umgang mit psychischem Stress.

Stärkung des Gemeinschaftsgefühls

- Förderung des Zusammenhalts in der Gemeinde durch regelmäßige Treffen und gemeinsame Projekte.
- Unterstützung von Nachbarschaftsnetzwerken, besonders für vulnerable Personen.
- Sicherstellung dezentraler Hilfe im Falle eines Ausfalls des Staates.

Psychologische Unterstützung und wirtschaftliche Vorbereitung

- Bereitstellung von Seelsorge- und Beratungsangeboten zur Linderung von Traumata.
- Entwicklung finanzieller Notfallfonds zur Unterstützung in wirtschaftlicher Notlage.
- Vorbereitung lokaler Unternehmen auf die Aufrechterhaltung ihrer Dienstleistungen in Krisenzeiten.

WIE KANN ICH BEI DER LANDESVERTEIDIGUNG HELFEN?

Die Landesverteidigung ist eine Aufgabe, bei der jeder Einzelne auf verschiedene Weise einen Beitrag leisten kann. In einer Welt, in der sich die Lage ständig verschlechtert und in der neue Bedrohungen entstehen, ist es wichtig, vorbereitet zu sein und aktiv zur Sicherheit des Landes beizutragen. Es gibt verschiedene Möglichkeiten, sich in der Landesverteidigung zu engagieren, sei es durch militärischen Dienst, Zivilschutz, Nachschubproduktion, Verwundeten Versorgung oder durch Unterstützung lokaler Initiativen.

Eine weitere Möglichkeit besteht im (freiwilligen) Wehrdienst. Dies bietet insbesondere jungen Menschen die Gelegenheit, wertvolle Fähigkeiten in den Bereichen Sicherheit, Verteidigung und Krisenbewältigung zu erlernen. Neben der militärischen Ausbildung erhalten Wehrdienstleistende eine umfassende Schulung in Bereichen wie Erste Hilfe, taktische Kommunikation und Katastrophenschutz. Wer den Wehrdienst leistet, sammelt nicht nur praktische Erfahrungen, sondern stärkt auch seine persönliche Widerstandsfähigkeit und seine Fähigkeit, in Krisensituationen besonnen zu handeln.

Haben Sie ihren Wehrdienst schon abgeleistet, bietet die Möglichkeit Reservist zu werden, eine weitere Möglichkeit sich aktiv an der Verteidigung des Landes zu beteiligen. Die Armee bietet ehemaligen Soldaten die Möglichkeit, ihre Fähigkeiten und ihr Wissen weiterhin für die Sicherheit des Landes einzusetzen. Besonders die Heimatschutzkräfte, das sind Truppen, die ausschließlich heimatnah eingesetzt werden und nicht für Auslandseinsätze vorgesehen sind, spielen eine zentrale Rolle, da Sie im Falle eines Angriffs oder einer Krise die Region verteidigen und kritische Infrastrukturen schützen in der sie auch zuhause sind. Wer noch keinen Wehrdienst oder Zivildienst absolviert hat, kann sich als Quereinsteiger für eine soldatische Laufbahn bewerben. Alle diese Optionen stehen selbstverständlich auch Frauen offen.

Neben dem militärischen Engagement gibt es auch viele zivile Möglichkeiten, zur Landesverteidigung beizutragen. Der Zivilschutz ist ein essenzieller Bestandteil der nationalen Sicherheit. Organisationen wie das Technische Hilfswerk (THW), das Deutsche Rote Kreuz (DRK) oder die Freiwillige Feuerwehr leisten in Krisensituationen lebenswichtige Hilfe. Diese Organisationen sind auf ehrenamtliche Helfer angewiesen, die bereit sind, in Notlagen zu unterstützen, sei es durch die Bereitstellung von Notunterkünften, die medizinische Versorgung oder durch technische Hilfeleistung. Das Anlegen von Verteidigungsstellungen, Checkpoints oder Ähnlichem ist der Armee nur mit massiver Hilfe aus dem zivilen Bereich möglich.

Es ist ausschlaggebend für eine funktionierende Landesverteidigung, die Bürger kontinuierlich auf dem Laufenden zu halten. Viele Menschen sind sich nicht bewusst, wie wichtig eine gut vorbereitete Gesellschaft für die Sicherheit eines Landes ist. Informationsveranstaltungen, Schulungen und öffentliche Diskussionen helfen dabei, das Bewusstsein für unsere Sicherheitsfragen zu schärfen. Es ist wichtig zu lernen, Fakten von Falschinformationen zu unterscheiden, um im Notfall das Richtige zu tun. Eine gut informierte Bevölkerung kann in Krisensituationen richtige Entscheidungen treffen.

Neben diesen direkten Beteiligungsmöglichkeiten gibt es weitere Wege, die nationale Sicherheit zu unterstützen. Die Stärkung der Cybersicherheit ist ein zunehmend wichtiger Bereich. Cyberangriffe können ebenso zerstörerisch sein wie physische Angriffe, da sie kritische Infrastrukturen lahmlegen und wirtschaftlichen Schaden verursachen können. Menschen mit IT-Kenntnissen können dazu beitragen, Netzwerke zu sichern, sich an Cyber-Abwehrprogrammen zu beteiligen oder als ehrenamtliche Berater für Unternehmen und Behörden zu fungieren, um deren Sicherheitsvorkehrungen zu verbessern.

Auch die wirtschaftliche Widerstandsfähigkeit ist ein Faktor in der Landesverteidigung. Unternehmen können ihre Produktion so gestalten, dass sie in Krisenzeiten schnell auf veränderte Anforderungen reagieren können. Die Stärkung regionaler Lieferketten und die Sicherstellung einer unabhängigen Energieversorgung sind essenzielle Aspekte, die nicht nur der Wirtschaft, sondern auch der nationalen Sicherheit dienen. Bürger können durch bewussten Konsum und die Unterstützung lokaler Wirtschaftskreisläufe dazu beitragen, die Stabilität des Landes zu fördern, wenn Rohstoffe und Vorprodukte plötzlich ausbleiben.

Viele Wege können zur Landesverteidigung beitragen. Ob durch den militärischen Dienst als Soldat oder Reservist, das Engagement im Zivilschutz, die Unterstützung lokaler Initiativen oder die Stärkung der Cybersicherheit – jeder kann sich anhand seiner Fähigkeiten einbringen. Wissensvermittlung ist entscheidend, um eine gut informierte Bevölkerung zu schaffen, die in der Lage ist, auf Bedrohungen angemessen zu reagieren. Durch wirtschaftliche Stabilität und psychologische Widerstandsfähigkeit kann das Land seine Verteidigungsfähigkeit weiter ausbauen. Eine starke Gesellschaft, die sich ihrer Verantwortung bewusst ist und bereit ist, in Krisenzeiten zusammenzuhalten, ist der beste Schutz gegen jede Bedrohung. Durch den Rückhalt in der Bevölkerung werden Politiker in der Lage sein, das Gemeinwesen so zu organisieren, dass es uns gegen einfallende Feinde verteidigt. Viele Menschen haben die Vorstellung, dass nichts schlimmer ist als der Krieg, und Krieg daher immer zu verhindern ist, im Zweifel auch durch die eigene

Unterwerfung. Ich möchte hier einige Beispiele anführen, die diese Vorstellung zumindest in Zweifel ziehen könnten:

Polnische Offiziere, die kapituliert hatten, wurden 1940 in Katyn zu tausenden in Russland exekutiert. Millionen russischer Kriegsgefangene wurden von den Deutschen im Zweiten Weltkrieg ermordet, der Rest der Bevölkerung wurde durch Nahrungsmittelentzug dem Hunger ausgesetzt - mit dem Ziel, den Großteil der Zivilbevölkerung zu töten. Die roten Khmer rotteten im Bürgerkrieg Ende der 70er Jahre ein Drittel der eigenen Bevölkerung aus. Nordkorea ist nun seit 80 Jahren ein Staat, in dem das Regime ein repressives System betreibt und die Partei über nahezu alle Aspekte des Lebens bestimmt (Wohnort, Beruf, Bildung). Es gibt Berichte über massive Zwangsarbeit, anstelle von Gehalt wird eine symbolische Entlohnung ausbezahlt.

Es ist daher fraglich, ob man eine Kapitulation (langfristig) überlebt.

Engagement in der Landesverteidigung

- Möglichkeiten der Beteiligung an der Landesverteidigung, z. B. als Reservist oder durch freiwilligen Wehrdienst.
- Zivilschutzorganisationen wie das Technische Hilfswerk (THW), Rotes Kreuz und die Freiwillige Feuerwehr unterstützen in Krisen.

- Bildung und Aufklärung zur Steigerung des Bewusstseins für nationale Sicherheitsfragen.

Stärkung der Cybersicherheit und wirtschaftlichen Widerstandsfähigkeit

- Beitrag zur Cybersicherheit durch IT-Fachleute, um Netzwerke zu sichern und Cyber-Abwehrprogramme zu unterstützen.
- Förderung der wirtschaftlichen Widerstandsfähigkeit und der nationalen Sicherheit durch stärkere regionale Lieferketten und unabhängige Energieversorgung.

Gesellschaftlicher Zusammenhalt und Verantwortung

- Sicherstellung, dass die Bevölkerung bereit ist, sich für die Freiheit und Sicherheit des Landes zu verteidigen.
- Bewusstsein für die Gefahren einer Unterwerfung und die Notwendigkeit, sich zu verteidigen, um zukünftiges Elend zu vermeiden.

Maßnahmen durchführen

Während wir uns bisher mit den möglichen Szenarien und der allgemeinen Vorbereitung beschäftigt haben, werden wir uns nun um die praktische Bewältigung der Zukunft kümmern. Wenn wir im Krieg sind oder es nicht mehr ausschließen können, müssen wir jetzt handeln und nicht abwarten.

SCHUTZRÄUME

Die wenigsten von uns haben einen Schutzraum zur Verfügung, noch gibt es öffentliche Schutzräume in relevanter Zahl. Die größte Gefahr sind Granat- und Bombensplitter und die durch Angriffe ausgelösten Brände. Einen Schutzraum in einer Wohnung einzurichten, ist eine besondere Herausforderung. Falls vorhanden, nutzen Sie zuerst den Keller und decken die Kellerfenster mit Sandsäcken ab. Wenn kein Keller verfügbar ist, kann ein Raum ohne Fenster oder mit wenigen Außenwänden verwendet werden. Ein Badezimmer oder eine Abstellkammer können geeignet sein. Falls der Raum Fenster hat, sichern Sie diese mit Holzplatten oder Sandsäcken. Alternativ kann man dicke Vorhänge oder Isomatten als Splitterschutz verwenden. Da Trümmer aus der Decke fallen können, ist man unter einem stabilen Tisch besser geschützt. Tücher oder Masken als provisorischer Schutz gegen Staub oder Rauch sollten bereit liegen. Leider bieten Holzriegelwände(Fertigteilhäuser) keinen nennenswerten Schutz gegen Beschuss. Niemand weiß, wie lange die Vorwarnzeiten bei Ihnen sein werden, noch wie lange die Alarmsituation anhält. Daher sollte der Schutzraum schnell erreichbar sein und auch geeignet, um dort zumindest über einen längeren Zeitraum die Nächte verbringen zu können. Es ist nicht vorhersehbar, wie lange Sie in einem Schutzraum ausharren müssen. Sie oder ihre Kinder benötigen Ablenkung, um Angst und Stress zu minimieren. Statten Sie ihren Schutzraum mit Lieblingsspielzeug und Kuscheltieren, Malbücher, Stifte und kleine Spiele, Bücher und warmen Decken aus. Sorgen Sie für ausreichend lange Notbeleuchtung (Taschenlampen, Kerzen, Akkupack). Stunden in der Dunkelheit verbringen zu müssen, erschwert das Aushalten im Schutzraum erheblich. Ein kleiner Bereich, der als „Kuschelzone" dient, macht es geborgener. Ist Entwarnung gegeben worden, leeren sie sofort den Klo-Kübel und entfernen sie Abfall, füllen die Wasserflaschen auf, ersetzen Aufgebrauchtes und bereiten den Schutzraum für den nächsten Alarm vor.

Mindestens sollte Ihr Schutzraum Folgendes enthalten:

- **Wasser**: Mindestens 3 Liter pro Person und Tag.
- **Lebensmittel**: Haltbare Lebensmittel wie Konserven, Energieriegel, Trockenfrüchte, Schokolade.

- **Erste-Hilfe-Set**: Pflaster, Desinfektionsmittel, aber auch Medikamente, die Sie regelmäßig brauchen.
- **Taschenlampe & Batterien** oder eine Kurbel-Taschenlampe.
- **Powerbank** für Handy und Notfallradio.
- **Atemschutz**: Staubmasken oder Tücher gegen Rauch oder Staub.
- **Warme Kleidung**: Sind die Fenster zerstört, haben Sie sehr schnell die Außentemperatur auch innerhalb des Hauses, das ist nicht nur im Winter ungemütlich.
- **Schlafsäcke** oder warme Decken.
- **Feuerlöscher** und eine Notfalldecke.
- **Kübel** mit Deckel und ausreichend Klopapier.
- **Bücher und Spiele** zum Zeitvertreib.

HUNGER, KÄLTE, KRANKHEITEN, AUSRÜSTUNG

Eine ausreichende Nahrungsreserve ist entscheidend, da Versorgungsketten in Kriegszeiten zusammenbrechen, Geschäfte geschlossen bleiben, oder es schlicht zu gefährlich ist, neue Nahrung zu beschaffen. Wie lange, bzw. wie schlecht die Versorgungslage wird, lässt sich nicht vorhersagen. Als Minimum kann man den Bedarf für einen Monat ansetzen. Diese Reserve sollte regelmäßig erneuert werden. Als Richtwert nehmen Sie einen mit Nahrungsmittel vollgepackten Bananenkarton pro Person, dieser lässt sich in jeder Wohnung relativ leicht verstauen. Ein längerer Stromausfall lässt gefrorene Lebensmittel auftauen und macht sie ungenießbar. Verbrauchen Sie im Ernstfall zuerst die Lebensmittel im Kühl- oder Gefrierschrank, dann die anderen Lebensmittel. Es gibt verschiedene Möglichkeiten, **ohne Strom zu kochen**, ein Holz-, Gas- oder Kohlegrill kann im Freien genutzt werden, um Fleisch, Gemüse oder sogar Brot zu garen. Fondue oder Campingkocher sind kompakte Lösungen für den Notfall, funktionieren auch in Wohnungen und eignen sich für schnelle Mahlzeiten.

Die vorübergehende Nichtverfügbarkeit einzelner Lebensmittel bedeutet zunächst nur einen Komfortverzicht. Kritisch wird es jedoch bei schweren Versorgungsengpässen. Stundenlanges Anstehen für Lebensmittel ist gleich doppelt problematisch: Einerseits sind Sie dabei ungeschützt den äußeren Bedingungen ausgesetzt, andererseits fehlt Ihnen wertvolle Zeit für andere wichtige Aufgaben. Wenn Sie einen Garten haben, nutzen Sie ihn zur Selbstversorgung und pflanzen Sie robuste Gemüsesorten wie Kartoffeln, Rüben, Karotten und Salat an. Frisches Obst und Gemüse hängt von funktionierenden Lieferketten ab und wird in Krisenzeiten vermutlich teurer und schwerer verfügbar sein, durch Eigenanbau können Sie sich ein wenig unabhängig machen.

Nahrung:

- **Lang haltbare Lebensmittel**:
  - Reis, Nudeln, Trockenfrüchte, Nüsse: 2-3 Kilo pro Person und Woche.
  - Zwieback, Haferflocken, Müsliriegel, Honig, Zucker, Haltbarmilch.
- **Proteinquellen**: Bohnen, Linsen, Nüsse, Erdnussbutter, Fisch- oder Fleischkonserven.
- **Fette und Öle**: Pflanzenöl, Schmalz oder Margarine für eine hohe Kaloriendichte.
- **Vitamin- und Mineralstoffversorgung**: Multivitamintabletten oder Sprossensamen zur Eigenzucht.
- **Notfallnahrung**: Militärische Rationen (MREs) oder gepresste Überlebensrationen, Energieriegel.
- **Vergessen Sie nicht auf ihre Haustiere.**
- **Campingkocher.**

Heizungsausfälle oder Stromausfälle sind in Kriegszeiten häufig, daher ist ein guter Schutz gegen Kälte überlebenswichtig. Auch können die Fenster durch Explosionen zerstört sein, damit ist die Gefahr von Unterkühlung gegeben. Stellen Sie sich vor, Sie gehen im Winter eine Woche zelten. Dann haben Sie eine Ahnung was es heißt, ohne Strom und

Heizung, und eventuell mit kaputten Fenstern leben zu müssen.

Schutz vor Kälte:

- **Isolierung**: Gummis an Türen und Fenstern erneuern oder Badetücher vor zugige Türen legen, Teppiche auf Böden. Gesprungene Fenster mit Plastikfolie und Tape abkleben, die Sie jetzt schon beschaffen sollten. Klebt man die Fenster schon vorher mit einem guten Tape diagonal kreuzweise ab, kann man oft verhindern, dass Glasscherben herausfallen.
- **Alternative Heizquellen**: Camping-Gaskocher (mit ausreichendem Belüftungsschutz!), Teelichtofen, Wärmflaschen. Natürlich ist ein Holzofen hier die beste Möglichkeit, Wärme zu erzeugen, checken Sie, ob es bei Ihrer Wohnung einen Kaminanschluss gibt.
- **Schlafsack für niedrige Temperaturen** (idealerweise für -10°C ausgelegt) oder etliche warme Decken. Weiters sind wirklich warme Socken, eine Haube, Handschuhe, sprich generell warme Winter- oder Outdoorkleidung relevant.
- **Wärme durch Körperkontakt**: Schlafen Sie im gleichen Bett wie Ihre Kinder, denn Kinder verlieren

wesentlich mehr Wärme aufgrund ihres Körperbaus.

- **Schichtung beim Anziehen**: Thermounterwäsche, Wolle, mehrere Lagen Kleidung. Im Fall von nasser oder feuchter Kleidung, ist diese sofort zu wechseln, denn nass geht die Isolationswirkung stark zurück.

Menschenansammlungen in Schutzräumen, Lebensmittelgeschäften oder öffentlichen Verkehrsmitteln tragen zur raschen Ausbreitung von Infektionskrankheiten bei. Ausfälle bei der Wasser-Strom-Wärmeversorgung können sich auch negativ auf die Gesundheit auswirken. In Krisensituationen werden Krankenhäuser und Ärzte nur mehr in Notfällen aufgesucht.

Schutz vor Krankheiten:

- **Wasserfilter oder -aufbereitung**: Aktivkohlefilter, Chlortabletten oder Abkochen (10 min).
- **Seife, Desinfektionsmittel, Waschmittel** bevorraten.
- **Handhygiene streng einhalten**, um Infektionen zu vermeiden.
- **Trocken-Toilettenlösung vorbereiten**: Eimer mit Deckel und Katzenstreu zum Bedecken.

- **Erste-Hilfe-Set**: Pflaster, Verbandsmaterial, Schmerzmittel, Desinfektionsmittel.
- **Medikamente für häufige Krankheiten**: Durchfallmittel (Loperamid), Antibiotika (wenn verfügbar), Fiebersenker (Paracetamol, Ibuprofen), Hustensaft und Lutschtabletten.
- **Vitamine (Brausetabletten)** gegen Mangelerscheinungen.

Verbrauchsgüter und Ausrüstung:

- Tragbare **Powerstation mit Solarpanel**
- **Kerzen** und Teelichter, Feuerzeug – als alternative Lichtquelle
- Zahnbürste und Zahnpasta
- Seife, Duschgel, Klopapier, Hygieneprodukte
- Akkuschrauber, Schrauben, Bitset
- **Multitool** oder kleines Werkzeugset
- **Nähzeug & Ersatzknöpfe** – Kleidung reparieren
- Kartenmaterial, eine Mappe mit Ihren Fluchtplänen, Packliste für Flucht
- Tape & Kabelbinder – universelle Reparaturen
- **Bargeld in kleinen Scheinen** – bei Stromausfall keine Kartenzahlung möglich
- **Selbstverteidigung (wenn legal)** – Pfefferspray, ggf. andere Schutzmaßnahme

NOTFALLRUCKSACK

Es ist der Kriegsfall eingetreten und Sie müssen schnell ihr Zuhause verlassen? Dann ist ein gepackter Notfallrucksack entscheidend, damit Sie auch sofort weg sein können. Zu Fuß kann man nur einen Rucksack sinnvoll tragen, daher muss man die wichtigsten Dinge für Überleben, Schutz und Fortbewegung priorisieren. Der Rucksack sollte ein leichter, aber nicht zu kleiner Wanderrucksack sein. Denn er muss genug Raum bieten, um einige Tage durchzuhalten. Enthalten sollte er zumindest:

Dokumente & Geld:

- **Personalausweis/Reisepass** am besten wasserdicht verpackt.
- **Urkunden:** Geburtsurkunde, Führerschein, Krankenversicherungskarte, Impfpass, Kaufverträge für Eigentum, Bankdaten (falls möglich, Kopien).
- **Bargeld** in kleinen Scheinen & Wertsachen für Tauschhandel.

Wasser & Lebensmittel:

- **Wasserflasche,** mindestens 1 Liter.
- **Müsliriegel,** Nüsse, Trockenfrüchte, Knabbernossi.
- **Konzentrierte Nahrung** wie gepresste Notrationen (z. B. BP-5, Datex).

Kleidung & Schutz:

- **Warme Kleidung** in mehreren Schichten, um für jedes Wetter richtig angezogen zu sein.
- **Wasserfeste Jacke** oder Poncho.
- **Mütze,** Handschuhe & Schal (Wärmeverlust über Kopf vermeiden).
- **Reservesocken**
- Gute, eingelaufene, **bequeme Schuhe**
- **Schlafsack und Rettungsdecke** (hält Körperwärme drinnen und Feuchtigkeit draußen).
- **Plane** für Notunterkünfte im Freien.
- **Isomatte,** wenn Platz ist.

Medizin & Hygiene:

- **Erste-Hilfe-Set** (Pflaster, Desinfektionsmittel, Schmerzmittel, Durchfalltabletten, Gesichtsmaske, Pinzette, Wundsalbe, Antibiotika falls verfügbar).
- **Persönliche Medikamente** (Blutdruck, Asthma, Insulin, etc.).
- **Zahnbürste**, Zahnpasta, Seife, kleines Handtuch.
- **Toilettenpapier** (auch als Tauschware nützlich).

Werkzeuge & Nützliche Gegenstände:

- **Brille** oder Lesehilfe
- **Multitool** oder Taschenmesser, Schnur, Feuerzeug, Grillanzünder.
- **Stirnlampe** oder Taschenlampe mit Ersatzbatterien.
- **Notizbuch** und Bleistift (für Infos, Karten oder Notizen).
- Leichte **Karte** der Umgebung, Handyapps oder GPS können ausfallen.
- **Handy** mit Powerbank & Ladekabel.
- Kurbel- oder Solar-**Radio** um Nachrichten zu empfangen.
- **Pfefferspray** oder ein improvisiertes Verteidigungsmittel.

Packen Sie Schweres nach unten, oft Benötigtes griffbereit nach oben. Platz sparen und Ordnung halten kann man mit Zip-Beuteln. Auf jeden Fall den gepackten Rucksack vorher ausprobieren, einmal raus aus der Wohnung und versuchen eine Stunde durchzumarschieren. Es zeigt sich schnell, ob etwas drückt und scheuert oder ob man zu viel eingepackt hat und unter dem Gewicht zusammenbricht.

- Die wichtigste Sache ist jedoch der **Notfall-Fluchtplan**, es muss klar sein, wohin Sie wollen (Ziel, alternative Routen, Treffpunkte mit Familie/Freunden).

KINDER

Stellen Sie sich vor, Sie wären in der Arbeit und Ihre Kinder würden extern betreut. Im Radio hören Sie, dass die Behörden den Aufenthalt zu Hause anordnen. Wie kommen Ihre Kinder nach Hause, wer holt sie ab? Haben Sie alles bereitstehen für die Kinder und den Fall, dass Sie sich länger im Schutzraum aufhalten müssen? Können Sie Ihre Kinder in eine weniger gefährdete Umgebung evakuieren, wie beispielsweise zu den Großeltern am Land? Was passiert wenn Sie schwer verletzt werden und ins Krankenhaus gebracht werden müssen?

Bei unklarer Sicherheitslage sollten Kinder eher nicht allein unterwegs sein. Aktivieren Sie den Handy-Tracker für Kinder und Angehörige, um ihre Standorte im Blick zu behalten. Überlegen Sie im Voraus: Was tun, wenn jemand verschwindet? Wen können Sie mobilisieren, um bei der Suche zu helfen?

- **Ausreichend Babynahrung** und Utensilien, Windeln, Tragetuch, Thermoskanne, Schnuller.
- Zettel **in der Schultasche**, mit Name und Adresse des Kindes und **Kontaktdaten,** wohin sich das Kind wenden kann, sollte Ihnen etwas zustoßen oder Sie nicht erreichbar sein.

- **Treffpunkte und Abholung** besprechen, wenn Ihre Kinder beim Sport, in der Schule oder bei Freunden sind. Kinder sollten vor Ort bleiben bis sie abgeholt werden, außer es gibt in unmittelbarer Umgebung eine sichere Anlaufstelle wie zum Beispiel Großeltern oder gute Freunde.
- **Lieblingskuscheltie**r und Spielsachen nicht vergessen.
- Auch für ältere Kinder Ablenkungsmöglichkeiten bedenken, falls das Handy als Bespaßer ausfällt.
- Mutter-Kind-Pass, fiebersenkende Mittel (Nurofen).

PSYCHISCHE GESUNDHEIT

Sich psychologisch auf den Krieg oder die Besatzung vorzubereiten und dann mit den Erlebnissen umzugehen, ist genauso wichtig wie die physische Vorbereitung. Krieg bringt extreme Belastungen mit sich: Angst, Unsicherheit, Verlust und möglicherweise traumatische Erfahrungen. Wir waren sehr lange nicht mit einer schlechten Sicherheitslage oder Kriegsgefahr konfrontiert. Auf diese Belastung mit Angst oder Verdrängen zu reagieren, ist verständlich. Hier sind einige Strategien, um mental stark zu bleiben und das Erlebte zu verarbeiten.

Akzeptanz der Realität & Mentale Anpassung:

- **Erkennen Sie die Situation an:** Verdrängung kann gefährlich sein. Akzeptieren Sie, dass sich Ihr Leben verändern wird, und konzentrieren Sie sich auf das, was Sie kontrollieren oder verbessern können.

- **Mentales Training:** Stellen Sie sich schwierige Szenarien vor (z. B. Flucht, ausharren im Schutzraum, Hunger, Gewalt) und überlegen Sie sich wie Sie darauf reagieren sollten. Dies hilft, Panik im Ernstfall zu vermeiden.

- **Erwartungen anpassen:** Krieg bedeutet Entbehrung. Weniger Komfort, weniger Essen, weniger Sicherheit – aber Menschen, fast immer sehr viele, haben Kriege überlebt. Es ist nicht das Ende, sondern nur eine schlechtere Zeit.

- **Routine aufrechterhalten:** Selbst in Chaoszeiten gibt eine Routine (z. B. Morgentoilette, Essen, Bewegung) ein Gefühl der Normalität.

- **Achtsamkeit & Atmung:** Panik vermeiden durch gezielte Atemtechniken (z. B. 4 Sekunden einatmen, 6 Sekunden ausatmen).

- **Einen Zweck finden:** Menschen, die eine Aufgabe haben (Familie schützen, anderen helfen), kommen psychisch besser durch den Krieg.

- **Kontakte pflegen:** Selbst kurze Gespräche mit anderen können Hoffnung geben, denn die anderen sitzen im selben Boot, haben die gleichen Ängste und Sorgen.

- **Vertrauenspersonen suchen:** Mit jemandem über Ängste sprechen, falls möglich.

- **Gemeinschaft bilden:** Ein starker Zusammenhalt mit Familie oder Nachbarn erhöht die Überlebenschancen und mindert psychische Belastungen.

Umgang mit Angst, Stress und Panik:

- **Bodyscan-Technik:** Konzentrieren Sie sich bewusst auf Ihren Körper, um aus einer Angstspirale herauszukommen.

- **„Hier und jetzt"-Methode:** Zählen Sie fünf Dinge, die Sie sehen, vier Dinge, die Sie hören, drei Dinge, die Sie berühren können, auf.

- **Mantra, Gebet oder Singen:** Wiederholen Sie einen beruhigenden Satz („Ich bin stark", „Ich schaffe das"), um Angst in Schach zu halten. Singen stellt die Emotionslage im Gehirn wieder auf normal.

- **Schuld nicht festhalten:** Im Krieg trifft man schwierige Entscheidungen – nicht jede Entscheidung wird „richtig" sein. Akzeptieren Sie das.

- **Überleben ist keine Schwäche:** Selbst, wenn Sie flüchten oder nicht kämpfen können – überleben ist der größte Widerstand.

Verarbeitung traumatischer Erlebnisse:

- **Tief durchatmen und das Geschehene anerkennen:** Verdrängung hilft nicht.

- **Rituale finden:** Manche Menschen schreiben, andere beten, andere reden. Finden Sie Ihre Art, das Erlebte einzuordnen.

- **Körperliche Bewegung:** Auch in schlechten Zeiten hilft Bewegung (gehen, einfache Übungen), um Stress abzubauen.

- **Schreiben Sie Erlebnisse auf:** Ein Kriegstagebuch hilft, Gedanken zu ordnen und Traumata zu verarbeiten.

- **Sprechen Sie mit anderen Überlebenden:** Menschen, die Ähnliches erlebt haben, können besser verstehen, was Sie durchmachen. Es gibt keinen Grund, sich zu schämen.

- **Geben Sie dem Erlebten einen Sinn:** Manche Menschen helfen nach dem Krieg anderen, erzählen ihre Geschichte oder setzen sich für Frieden ein. Das kann Heilung bringen.

NACHBARSCHAFT

Wie bereits dargelegt sind Nachbarn oft die wichtigsten Verbündeten. Nachbarn können nicht nur zusätzliche Ressourcen zur Verfügung stellen, sondern auch Informationen beschaffen. Letztlich verbindet Sie mit Ihren Nachbarn das gemeinsame Ziel, Ihr Zuhause gut durch die Krise zu bekommen.

- Diskutieren Sie, wie feindliche Propaganda beeinflusst, und seien Sie skeptisch gegenüber allzu leichten Lösungen.
- Teilen Sie Wissen und Fähigkeiten, die in einer Krisensituation nützlich sein können, wie z.b. Erste Hilfe oder handwerkliche Fähigkeiten.
- Erstellen Sie eine **Liste mit vertrauenswürdigen Nachbarn**, die zusammenarbeiten wollen.
- Jemand kann Kinder beaufsichtigen, wenn die Eltern arbeiten sind.
- Legen Sie Treffpunkte und sichere Häuser (Schutzkeller) fest, in die man im Notfall flüchten kann.
- Falls möglich, bilden Sie kleine Gruppen mit festen Aufgaben (z. B. Wasser, Nahrung, Sicherheit, Information).
- Achten Sie abwechselnd auf Veränderungen in der Umgebung (Truppenbewegungen, Plünderer, aber auch geöffnete Geschäfte).

- Organisieren Sie **Nachtwachen**, um bei Bedrohungen schnell aktiv werden zu können.
- Vereinbaren Sie zwei Alarmsignale: Eines für Verstecken und eines für **Zusammenkommen**.
- Legen Sie kleine geheime Vorratslager an unauffälligen Orten an (z. B. vergraben, in Wandverkleidungen verstecken).
- Falls es zu Gewalt oder Plünderungen kommt, entscheiden Sie klug, ob Flucht oder Verstecken die bessere Wahl ist. Einzelne Plünderer lassen sich jedoch oft von einer Menschenansammlung abschrecken.
- Reden Sie miteinander, um Angst und Stress abzubauen.
- Falls die Situation zu gefährlich wird, planen Sie frühzeitig eine Flucht und vereinbaren Sie Treffpunkte außerhalb des Kampfgebiets.

MENSCHLICHKEIT

Auch wenn es Ihnen nicht gut geht, Sie unter den Ereignissen leiden, Sie frieren und hungern oder Alpträume Sie plagen, es gibt immer jemanden, dem es noch schlimmer geht. Hilfe und Zuspruch kann im Krieg jeder gebrauchen.

Klären Sie ab, ob Sie Ihre Haustiere zur Notunterkunft mitbringen können oder ob diese bei Freunden oder

Nachbarn, die nicht flüchten, versorgt werden könnten. Lassen Sie Ihre Tiere bei einer Evakuierung nicht eingeschlossen zu Hause.

- Falls jemand wenig hat, können Lebensmittel und Wasser **gemeinschaftlich geteilt werden.**
- Kinder und ältere Menschen brauchen besondere Aufmerksamkeit, sie sind weitgehend hilflos – sorgen Sie dafür, dass sie sich nicht alleingelassen fühlen.
- Falls möglich, organisieren Sie kleine Aktivitäten oder Aufgaben, um den Alltag sozialer zu gestalten (z. B. gemeinsames Kochen, kleine Reparaturarbeiten).
- Falls Kinder in der Gruppe sind, sorgen Sie für **Ablenkung und Spielmöglichkeiten**, um ihre Angst zu reduzieren.
- Stellen Sie Wasser- und Futterspender für zurückgelassene Haustiere auf.

Grundregeln für den Umgang mit Soldaten & bewaffneten Gruppen

Im Krieg ist der Umgang mit Soldaten und bewaffneten Gruppen für Zivilisten eine große Herausforderung. Denn das Zusammentreffen kann oft überraschend und ungeplant stattfinden. Für den Soldaten ist es vorteilhafter in unklaren Situationen zu schießen, als einwandfrei festzustellen, ob Sie harmlos sind. Ihr Überleben hängt davon ab, wie Sie sich verhalten. Hier sind grundlegende Prinzipien, um Risiken zu minimieren.

- Versuchen Sie, **politisch neutral** zu erscheinen. Äußern Sie keine Meinungen über den Krieg oder eine Kriegspartei vor Leuten, die Sie nicht sehr gut kennen – man weiß nie, wer zuhört.

- Tragen Sie keine Kleidung oder Symbole, die auf eine politische oder militärische Zugehörigkeit hinweisen können, keine Uniformen oder Tarnmuster. Bunte oder farbenfrohe Jacken machen Sie von weitem als Zivilist erkennbar.

- Vermeiden Sie, als „bedrohlich" wahrgenommen zu werden (keine schnellen Bewegungen, keine versteckten Hände).

- Seien Sie höflich und ruhig, aber auch nicht unterwürfig.

- Blickkontakt ist okay, aber nicht herausfordernd.

- Bewegen Sie sich langsam und deutlich – keine hektischen Gesten.

- Falls Sie angehalten oder kontrolliert werden, **tun Sie sofort, was verlangt wird**. Aktiver Widerstand gegen Aufforderungen einer bewaffneten Gruppe ist sinnlos (Hände heben, Ausweise zeigen, Rucksack öffnen).

- Jede plötzliche Bewegung kann als Bedrohung gewertet werden.

- Stellen Sie keine **unnötigen Fragen** und fragen Sie nicht nach Plänen oder Befehlen – das kann Misstrauen wecken.

- Sprechen Sie nur, wenn Sie gefragt werden, und halten Sie Antworten kurz und sachlich.

- Nehmen Sie keine großen Mengen an Geld, Nahrung oder andere Wertsachen mit – das kann Begehrlichkeiten wecken.

CHECKPOINTS

Checkpoints werden in der Regel eingerichtet, um die Sicherheit der Soldaten zu erhöhen. Das heißt in erster Linie, um harmlose Zivilisten von gegnerischen Agenten, Untergrundkämpfern oder Plünderern zu unterscheiden und diese fernzuhalten. Werden Sie bei dieser Gelegenheit beraubt, dann akzeptieren Sie es.

- **Rechtzeitig anhalten, Hände sichtbar lassen.**
- **Keine Diskussionen oder Widersprüche** – einfach die Anweisungen befolgen.
- **Dokumente bereithalten** – aber nicht ohne Aufforderung zeigen.
- **Keine Fotos oder Aufnahmen machen** – das kann als Spionage ausgelegt werden, deshalb das Handy nicht in der Hand halten.
- Falls Sie verdächtigt werden, **ruhig und kooperativ** bleiben – Aggression erhöht das Risiko.
- Falls man festgenommen wird, fragen Sie ruhig nach dem Grund, aber diskutieren Sie nicht und stellen Sie keine Fragen.

PLÜNDERUNGEN UND ÜBERGRIFFE

Wenn Soldaten Ihr Haus betreten, sind Sie schwer im Nachteil. Es gibt keine Zeugen und die Situation ist für die Soldaten unübersichtlich. Das heißt, die ersten Minuten sind die gefährlichsten. Nachdem die Soldaten alle Zimmer kontrolliert und festgestellt haben, dass ihnen keine Gefahr droht, hat sich die Anspannung wahrscheinlich gelegt. Anschließend werden die Soldaten wieder Ihr Haus verlassen. Allerdings kann es jederzeit zu Erpressungen, Plünderungen, Gewalthandlungen oder Ähnlichem kommen. Ihre beste Chance ist, soweit wie möglich zu kooperieren und keinen Widerstand zu leisten.

- Keine plötzlichen Bewegungen machen, Hände offen zeigen.

- Nichts verstecken – das kann als Widerstand oder Täuschung interpretiert werden.

- Nicht versuchen, zu diskutieren oder herauszufordern.

- Falls Sie bedroht oder geschlagen werden: **Nicht provozieren, sondern schützen** – Hände zum Schutz wichtiger Körperteile (Kopf, Bauch) einsetzen.

- Falls Sie gefoltert werden: **Lügen ist erlaubt**, um sich zu schützen.

- **Überleben ist das Wichtigste– Ehrgefühl oder Widerstand können tödlich sein.**

- Es ist besser, seinen Besitz zu verlieren als sein Leben.

- Versuchen Sie mit Freundlichkeit zu verhandeln, aber ohne Bettelei.

- Falls Sie Zeuge werden: Einschätzen, ob Helfen sicher ist. Andernfalls lieber später helfen oder Informationen weitergeben.

HARMLOS ERSCHEINEN

Falls es in Europa zu einem offenen Krieg kommt, dann deshalb, weil ein Staat seine politischen Interessen am Schlachtfeld durchsetzen will. Diese Staaten haben wenig Interesse daran, das Völkerrecht oder die Menschenrechte zu achten. Andererseits ist die totale Ausrottung der gegnerischen Bevölkerung wahrscheinlich auch nicht ihr Ziel. Je unbedeutender oder je unscheinbarer Sie auftreten, desto weniger werden Sie zur Zielscheibe.

- **Nicht auffallen** – keine großen Bewegungen oder Versammlungen organisieren oder daran teilnehmen.

- Keine offenen Gespräche über die Lage oder die Besatzer führen.
- Sichere Fluchtmöglichkeiten erkunden, falls nötig oder noch möglich.
- Wenn es zu kämpfen oder Anschlägen kommt: **Bleiben Sie in Deckung, bewegen Sie sich nur, wenn absolut notwendig.**

PASSIV KOOPERIEREN

Jede Form eines Besatzungsregimes ist auf die Mithilfe der lokalen Bevölkerung angewiesen, um die Wasserversorgung oder die Stromversorgung wiederherzustellen oder die Müllabfuhr wieder in Betrieb zu nehmen. Lebensmittel und andere Geschäfte müssen wieder geöffnet werden, auch Schulen und Kindergärten werden wieder in Betrieb gehen. Meistens wird Ihnen auch gar nichts anderes übrigbleiben als einer Arbeit nachzugehen, denn irgendwie müssen Sie ja über die Runden kommen. Viele der verbliebenen Jobs werden von den Besatzungstruppen finanziert werden oder dienen der Versorgung der feindlichen Armee. Moralisch ist das ein schmaler Grat zwischen Kooperation mit dem Feind und dem Überleben.

- Gehen Sie so weit wie möglich ihrer **Arbeit** nach, priorisieren Sie die **Versorgung der Familie.**

- Nehmen Sie **Warnungen** ernst, wenn Sie als **Kollaborateur** bezeichnet werden, denn hier können Sie sehr schnell zwischen die Fronten geraten und Sie haben dann nirgends Freunde, die Sie schützen.

ÜBERLAUFEN

Das Überlaufen zu einer Besatzungsmacht und der Versuch, dort Karriere zu machen, ist eine äußerst riskante Entscheidung – sowohl moralisch als auch praktisch. Es gibt historische Fälle, in denen Menschen unter einer Besatzungsmacht eine neue Position fanden, aber auch viele, in denen Kollaborateure nach dem Krieg als Verräter behandelt wurden. Die Möglichkeit, beim Feind Karriere zu machen, hängt stark von den Umständen und der Politik des besetzenden Landes ab. Gehen Sie davon aus, dass Sie unter Beobachtung stehen und misstrauisch behandelt werden. Es ist wichtig, realistische Erwartungen an Ihre Karrierechancen zu haben, und zu bedenken, dass es regelmäßig zu „Säuberungen" kommen kann. Die Entscheidung, zum Feind überzulaufen, kann langfristige Auswirkungen auf Ihr Leben und Ihre Beziehungen haben. Sie könnten soziale Isolation erfahren, sowohl unter ihren Mitbürgern als auch bei der Besatzungsmacht. Dem gegenüber steht die Möglichkeit, zu überleben, sich ein besseres Leben zu ermöglichen oder gar reich zu werden. Beachten Sie, dass der Aufstieg innerhalb der Besatzungsmacht durchaus gefährlich sein kann. Sie werden nicht der einzige ein, und der stetige Machtkampf kann durchaus in gewaltvollen Auseinandersetzungen enden. Um die Macht zu zementieren und Angst zu verbreiten, werden zum Teil gezielt Untergebene eliminiert, damit andere gefügig bleiben.

- Kollaborateure werden oft als Verräter angesehen. Nach Kriegen werden Sie nicht selten bestraft, verbannt oder sogar hingerichtet.

- Falls die Besatzungsmacht verliert, sind Sie einer der Ersten, der bestraft wird.

- Besitzt man **technische oder wirtschaftliche Expertise** (z. B. Ingenieur, Arzt, Übersetzer), ist man für die Besatzer nützlich, da lässt sich ein Deal leichter einfädeln.

- Je höher die Position ist, desto mehr wird erwartet, dass Sie sich politisch anpassen und kollaborieren, wenn Sie Ihren Job behalten wollen. Manche Menschen haben es geschafft, auch nach einem Regimewechsel in hohen Positionen zu bleiben.

- Vermeiden Sie, sich „**blutige Hände**" zu holen, direkte Beteiligung an Gewalt, Verfolgung oder Morden können Sie einholen - oder Sie werden als Mitwisser beseitigt.

- Falls das Regime wechselt, sollten Sie **eine Flucht-möglichkeit** oder eine gute Ausrede haben.

WIDERSTAND

Widerstand gegen eine Besatzung ist eine der gefährlichsten, aber auch wirkungsvollsten Möglichkeiten, sich gegen ein feindliches Regime zu wehren. Leistet nur ein kleiner Teil der Bevölkerung aktiven Widerstand, steigen die Besatzungskosten enorm an. Erfolgreicher Widerstand erfordert Strategie, Vorsicht und oft jahrelange Geduld. Nicht jede Besatzung kann sofort erfolgreich bekämpft werden. Überlegen Sie zuerst, ob der Widerstand eine echte Chance hat, die Situation zu ändern? Gibt es genügend Unterstützung aus der Bevölkerung? Oder gibt es einen Plan, diese zu gewinnen und geheim kommunizieren zu können?

Falls direkter Widerstand zu gefährlich ist, kann **Überleben und Geduld haben** die beste Strategie sein, um auf den richtigen Moment zu warten.

- **Sabotage im Kleinen:** Langsameres Arbeiten, absichtliche Fehler in der Bürokratie, Verzögerungen in der Logistik.
- **Informationsverweigerung:** Nichts preisgeben, keine Kooperation mit der Besatzungsmacht.

- **Kultureller Widerstand:** Bewahrung der eigenen Sprache, Traditionen und Identität.

- **Ziviler Ungehorsam:** Boykotte, Verweigerung von Arbeit für die Besatzer, heimliche Symbole des Widerstands.

- **Geheimnetzwerke:** Aufbau von Netzwerken für den Austausch von Nahrung, Medikamenten und Informationen. Es braucht sehr viel mehr Unterstützer als aktive Kämpfer.

- **Schmuggel von Informationen & Nachrichten:** Verbindung zu anderen Widerstandsgruppen halten. Keinesfalls ist hierzu das Handy oder das Internet zu empfehlen, da diese von der Besatzungsmacht kontrolliert werden.

- **Hilfe für Verfolgte:** Verstecken, Versorgung mit Lebensmitteln, Fluchthilfe.

- **Sabotage von Militärinfrastruktur:** Zerstörung von Nachschublinien, Kommunikationsmitteln oder Treibstoffdepots treffen die Besatzer genau so hart wie direkter Beschuss.

- **Partisanenkampf:** Guerillataktiken mit schnellen Angriffen auf kleine feindliche Kräfte und sofortiger Rückzug.

- **Attentate auf Schlüsselpersonen der Besatzung:** Nur sinnvoll, wenn gut geplant und ohne Rückverfolgung.

- **Erbeuten von Waffen & Ausrüstung:** Eines der Hauptprobleme von Widerstandsgruppen ist die Beschaffung von Waffen, wenn nicht vor der Besatzung Depots angelegt wurden.
- Seien Sie niemals offen in Bezug auf Ihre Absichten – selbst gute Freunde könnten Sie verraten (absichtlich oder unter Druck).
- Keine schriftlichen oder digitalen Aufzeichnungen von Widerstandsaktivitäten führen.
- Verwende Decknamen und Treffpunkte an wechselnden Orten.
- Vertraue nur Menschen, die sich bereits bewährt haben – Misstrauen rettet Leben.

RÜCKKEHR UND WIEDERAUF-BAU

Kriege und Auseinandersetzungen können Tage, Wochen oder Jahre anhalten. Aber genauso sicher gehen Sie eines Tages zu Ende oder es herrscht keine akute Bedrohungslage mehr. Sollte ihr Zuhause nun in einem besetzten Gebiet liegen, ist die Entscheidung, zurückzukehren und einen Wiederaufbau zu beginnen eine denkbar schwierige Situation. Es ist aber für viele die einzig realistische Option, in Ihre Heimat zurückzukehren. Das Leben unter geänderten Bedingungen, sei es unter einer Besatzungsmacht oder unter Einsetzung einer Vasallenregierung ist stark abhängig von den eigenen Ansprüchen, jedoch auch vom Regime an sich: Lebensverhältnisse wie in Weißrussland, Nordkorea oder Eritrea sind denkbar. Liegt Ihr Haus nur wenige Kilometer von einer Waffenstillstandslinie entfernt, könnte es sein, dass Sie mit einer latenten ständigen Bedrohung leben müssen.

Minen, Munition und Sprengfallen

Das Betreten eines ehemaligen Kriegsgebiets ist gefährlich, da Minen, Blindgänger und Sprengfallen noch Jahre oder sogar Jahrzehnte nach einem Konflikt tödlich sein können. Viele Gebiete der Ostukraine werden wohl lange nicht mehr zu betreten sein, da Millionen von Minen und Blindgängern im Schlamm liegen.

- **Bleiben Sie auf markierten Wegen**: Nutzen Sie nur offizielle und markierte Wege, am besten gehen oder fahren Sie nur am Asphalt.
- Minen werden oft am Rand von Straßen oder in Felder gelegt. Vermeiden Sie es, querfeldein zu gehen oder kleine Pfade zu nehmen.
- Wenn Sie in Ihr Haus zurückkehren, bedenken Sie, dass auch ihr Garten vermint sein kann.
- Meiden Sie zerstörte **Gebäude**, Schützengräben und verlassene Fahrzeuge.
- Sprengfallen werden oft in **Türrahmen, Fenstern oder unter Schutt** angebracht. Lassen Sie Ihr Haus von einem Experten durchsuchen.
- **Kinder aufklären**: Kinder sind besonders gefährdet, da Sie neugierig sind und gefährliche Gegenstände als Spielzeug missverstehen können. Klären Sie Kinder über die Gefahren auf, und weisen Sie Ihnen gesicherte Bereiche zum Spielen zu.

Infrastruktur zuerst

Nachdem die Sicherheit durch die Räumung von Minen und Sprengfallen hergestellt worden ist, geht es darum, die Schäden zu beseitigen. Die dringendsten Bedürfnisse haben Vorrang, dazu zählen landwirtschaftliche Betriebe und Unternehmen. Ohne Arbeit kann kein nachhaltiger Wiederaufbau stattfinden, der Inlandskonsum und die Produktion müssen wieder anlaufen.

- Zugang zu **sauberem Wasser** und Stromversorgung wiederherstellen.
- Wiederaufbau kritischer Infrastruktur wie Straßen, Brücken, Krankenhäuser und Schulen wird den Großteil der Ressourcen des Staates beanspruchen.
- Unterkünfte müssen **regendicht, kaputte Fenster ersetzt** werden.
- Helfen Sie mit, kleinere Schäden zu beseitigen, die Handwerker sind überlastet und Geld ist womöglich bei vielen knapp.
- Oder übernehmen Sie Aufgaben wie Kinderbetreuung, Kriegsversehrten- oder Flüchtlingsbetreuung.

Kollaborateure & Kriegsverbrecher

Die Grenze zwischen Sympathisant, Kollaborateur, Saboteur und aktivem Kriegsverbrecher ist fließend, deshalb ist es wichtig, die Justiz zu unterstützen und darauf zu drängen, die Leute zur Verantwortung zu ziehen. Reden Sie mit Zeugen und unterstützen Sie Opfer. Verdrängen und Vergessen ist nicht die Lösung für alles.

- Helfen Sie bei der Aufarbeitung von Kriegsverbrechen.
- Setzen Sie sich für Opfer ein.

Das eigene Trauma bewältigen

Ein Krieg hinterlässt tiefe Wunden – die Gesellschaft muss heilen, aber auch Sie selbst haben emotionale Schäden davongetragen.

Trauma und Neuanfang

- **Posttraumatische Belastungsstörung erkennen:** Flashbacks, Schlafstörungen oder emotionale Taubheit ca. ein halbes Jahr nach einem Trauma.

- **Therapie suchen:** Falls möglich, professionelle Hilfe in Anspruch nehmen. Auch ohne therapeutische Hilfe bessert sich der Zustand oft von alleine. Wichtig ist die soziale Unterstützung vor alle durch Freunde und Familie.

- **Langsam ins normale Leben zurückfinden:** Die Welt wird sich anders anfühlen. Geben Sie sich Zeit, und zwingen Sie sich nicht, sofort „funktionieren" zu müssen.

Wiederherstellen einer lebenswerten Gesellschaft

Einer der Hauptgründe, warum bestimmte Staaten uns als Feind betrachten, ist die Attraktivität unserer lebenswerten Gesellschaft. Denn das können und wollen sie ihrer eigenen Bevölkerung nicht bieten. Neben dem Wohlstand ist es vor allem unsere liberale Freiheit, unser Leben selbst zu gestalten und die unabhängige Justiz, die es den Bürgern ermöglicht, auch gegen Machthaber vorzugehen. Das Wiederherstellen einer lebenswerten Gesellschaft nach einer Krise oder einem Konflikt erfordert nicht nur Zuversicht in eine bessere Zukunft, sondern auch der Glaube, es gemeinsam realisieren zu können.

- Verzeihen und vergessen
- Austauschen
- Hoffen und lieben

EINE LETZTE BESTANDSAUF-
NAHME

Wir haben lange zugesehen oder gelacht als die Bilder und Videos auf Social Media immer abwertender, immer politischer und immer demokratiefeindlicher wurden. Haben zugestimmt, wenn unsere Politiker als unfähig, korrupt oder bösartig dargestellt wurden. Haben uns an Meldungen von Cyberangriffen und Radikalisierung im Internet gewöhnt. Haben noch immer nicht verstanden, warum wir eine existenzielle Bedrohung für andere Regime sind, mit unseren Bürgerrechten und der unabhängigen Justiz. Haben uns daran gewöhnt und akzeptiert, das dubiose Millionenspenden an bestimmte Parteien gehen. Wir erlauben aufgrund unserer Meinungsfreiheit, dass wir mit ausländischer Propaganda geflutet werden. Unser Gehirn wird überschwemmt mit dubiosen und alarmistischen Meldungen, und wir wollen noch immer nicht wahrhaben, wie es unsere Gesellschaft verändert und wer es finanziert. Diktatoren nehmen sich die Macht, durch Zensur alles Negative über sich verschwinden zu lassen und sich selbst zu verherrlichen. Wir haben ihnen gestattet, sich diese Macht auch in unserem Land zu nehmen.

Alle Armeechefs und Experten in Europa sprechen aus, dass Europa nicht mehr im Frieden ist. Die Propagandakampagnen, die das Vertrauen in die Demokratie zerstören, die Cyberangriffe, die uns Milliarden kosten, die hybriden Angriffe auf unsere Infrastruktur, Sabotage an unseren Kriegsschiffen und unseren Glasfaserkabeln, all das ist eine Form des Krieges gegen uns. China, Russland und der Iran haben beschlossen, uns aktiv zu schaden. Je mehr wir nachgeben, desto mehr werden sie eskalieren. Die nach dem zweiten Weltkrieg geschaffene Ordnung mit der UNO auf der einen Seite und der atomaren Abschreckung der Amerikaner auf der anderen Seite existiert nicht mehr. Die UNO droht in die Bedeutungslosigkeit zu versinken, die USA, Russland und China ziehen sich zurück. Es ist derzeit unklar, wie lange der nukleare Schutzschirm der USA noch über Europa gespannt bleibt.

Die Verteidigung unserer Demokratien fängt bei uns an, indem wir uns aktiv gegen die Propaganda wehren.

Kommt es morgen zum großen Krieg in Europa? Nicht unbedingt, kleine Kriege sind leichter zu führen. Indem man den Gegner infiltriert, die Menschen gegeneinander aufhetzt und sich dadurch die Europäer untereinander bekämpfen, bis Land für Land aus der EU austritt und keine gemeinsame Strategie mehr möglich ist, schwächt man uns derart, dass eine Übernahme scheibchenweise möglich ist.

Aber die Lage kann auch zum Landkrieg eskalieren, wenn gewollt oder schlicht aus einem zufälligen Fehler heraus.

Es ist an der Zeit, den Kopf aus dem Sand zu ziehen und mit der Vorbereitung anzufangen.

ANHANG:

Diese Kontakte und Webseiten können in verschiedenen Notfällen lebenswichtig sein:

Warnapps:

ALERTSWISS
Katwarn
NINA

Notruf:

CH, EU: 112

Feuerwehr

A:144
CH: 118
D:112

Polizei

A:133
CH:117
D:110

Rettung:

A,CH:144

D:112

Vergiftung:

A: 014064343
CH: 145

Zivilschutz :

Österreich: Zivilschutz-
verband
Zivilschutz.at
Deutschland: BBK – Bun-
desamt für Bevölke-
rungsschutz
www.bbk.bund.de
Schweiz: Bundesamt für
Bevölkerungsschutz
www.babs.admin.ch

Gesundheitshotline für
Österreich: 1450
Ärztlicher Bereitschafts-
dienst D: 116117

CHECKLISTE NOTFALLRUCKSACK

○ Wanderrucksack, nicht zu klein

○ Trinkflasche, mindestens 1 Liter

○ Müsliriegel, Nüsse, Trockenfrüchte, Knabbernossi.

○ Konzentrierte Nahrung, wie gepresste Notrationen

○ Personalausweis/Reisepass, Bank-karte

○ Urkunden: Geburtsurkunde, Führerschein, Krankenversicherungskarte, Impfpass, Kaufverträge für Eigentum, Bankdaten (falls möglich, Kopien).

○ Bargeld in kleinen Scheinen & Wertsachen für Tauschhandel.

○ Warme Kleidung in mehreren Schichten, um für alle Wetter richtig angezogen zu sein.

○ Wasserfeste Jacke oder Poncho.

○ Mütze, Handschuhe & Schal (Wärmeverlust über Kopf vermeiden).

○ Reservesocken

○ Gute, eingelaufene bequeme Schuhe

○ Schlafsack und Rettungsdecke (hält Körperwärme herinnen und Feuchtigkeit draußen).

○ Plane für Notunterkünfte im Freien.

○ Isomatte, wenn Platz ist.

○ Erste-Hilfe-Set (Pflaster, Desinfektionsmittel, Schmerzmittel, Durchfalltabletten, Gesichtsmaske, Pinzette, Wundsalbe, Antibiotika falls verfügbar).

○ Persönliche Medikamente (Blutdruck, Asthma, Insulin etc.).

○ Zahnbürste, Zahnpasta, Seife kleines Handtuch.

○ Toilettenpapier (auch als Tauschware nützlich).

○ Brille oder Lesehilfe
○ Multitool oder Taschenmesser, Schnur, Feuerzeug, Grillanzünder.
○ Stirnlampe oder Taschenlampe mit Ersatzbatterien.
○ Notizbuch & Bleistift (für Infos, Karten oder Notizen).
○ Leichte Karte der Umgebung, Handyapps oder GPS können ausfallen.
○ Handy mit Powerbank & Ladekabel.
○ Kurbel- oder Solar-Radio (um Nachrichten zu empfangen).
○ Pfefferspray oder ein improvisiertes Verteidigungsmittel.
○ Liste mit Kontaktpersonen, deren Adresse und Telefonnummern

○ Fluchtplan

Packen Sie Schweres nach unten, oft Benötigtes griffbereit nach oben. Platz sparen und Ordnung halten kann man mit Zip-Beuteln.

○ Den gepackten Rucksack vorher ausprobieren, einmal eine Stunde durchmarschieren. Es zeigt sich schnell, ob etwas drückt und scheuert oder ob man zu viel eingepackt hat und unter dem Gewicht zusammenbricht.

CHECKLISTE SCHUTZRAUM

○ Wasser: Mindestens 3 Liter pro Person

○ Lebensmittel für 2 Tage: Haltbare Lebensmittel wie Konserven, Energieriegel, Trockenfrüchte, Schokolade

○ Erste-Hilfe-Set: Pflaster, Desinfektionsmittel, aber auch Medikamente, die Sie regelmäßig brauchen.

○ Taschenlampe & Batterien oder eine Kur-bel-Taschenlampe.

○ Powerbank für Handy und ein Notfallradio

○ Atemschutz: Staubmasken oder Tücher gegen Rauch oder Staub.

○ Warme Kleidung: Sind die Fenster zerstört, haben Sie sehr schnell die Außentemperatur auch innerhalb des Hauses, das ist nicht nur im Winter ungemütlich.

○ Schlafsäcke: oder warme Decken.

○ Feuerlöscher: und eine Notfalldecke.

○ Kübel: mit Deckel und ausreichend Klopapier.

○ Bücher und Spiele: zum Zeitvertreib

CHECKLISTE VORRÄTE

○ Lang haltbare Lebensmittel:
Reis, Nudeln, Trockenfrüchte, Nüsse: 2-3 Kilo pro Person und Woche.

○ Zwieback, Haferflocken, Müsliriegel, Honig, Zucker, Haltbarmilch

○ Proteinquellen: Bohnen, Linsen, Nüsse, Erdnussbutter, Fisch- oder Fleischkonserven.

○ Fette und Öle: Pflanzenöl, Schmalz oder Margarine für eine hohe Kaloriendichte.

○ Vitamin- und Mineralstoffversorgung: Multivitamintabletten oder Sprossensamen zur Eigenzucht.

○ Notfallnahrung: Militärische Rationen (MREs) oder gepresste Überlebensrationen, Energieriegel.

○ Tierfutter.

○ Campingkocher.

○ Alternative Heizquellen: Camping-Gaskocher (mit ausreichendem Belüftungsschutz!), Teelichtofen, Wärmflaschen.

○ Isolierung: Türen/Fenster Gummis erneuern.

○ Tape und Folie zum abkleben von Fenstern.

○ Schlafsack für niedrige Temperaturen (ideal-erweise für -10°C ausgelegt) oder etliche warme Decken.

○ warme Socken, eine Haube, Handschuhe, eine warme Winter- oder Outdoorkleidung.

○ Wasserfilter oder -aufbereitung: Aktivkohlefilter, Chlortabletten.

○ Seife, Desinfektionsmittel, Waschmittel.

○ Trocken-Toilettenlösung: Eimer mit Deckel und Katzenstreu zum Bedecken.

○ Erste-Hilfe-Set: Pflaster, Verbandsmaterial, Schmerzmittel, Desinfektionsmittel.

○ Medikamente für häufige Krankheiten: Durchfallmittel (Loperamid), Antibiotika (wenn verfügbar), Fiebersenker (Paracetamol, Ibuprofen), Hustensaft und Lutschtabletten.

○ Vitamine (Brausetabletten) gegen Mangelerscheinungen.

○ Tragbare Powerstation mit Solarpanel,

○ Kerzen und Teelichter, Feuerzeug – als alternative Lichtquelle

○ Zahnbürste und Zahnpasta

○ Seife, Duschgel, Klopapier, Hygieneprodukte

○ Akkuschrauber, Schrauben, Bit-set

○ Multitool oder kleines Werkzeugset

○ Nähzeug & Ersatzknöpfe – Kleidung reparieren

○ Tape & Kabelbinder – universelle Reparaturen

○ Bargeld in kleinen Scheinen – bei Stromaus-fall keine Kartenzahlung möglich

○ Selbstverteidigung (wenn legal) – Pfefferspray, ggf. andere Schutzmaßnahme.

CHECKLISTE FLUCHT

◯ Die wichtigste Sache ist jedoch der Notfall-Fluchtplan, es muss klar sein, wohin Sie wollen (Ziel, alternative Routen, Treffpunkte mit Familie/Freunden).

◯ gepackter Notfallrucksack
◯ Haupt- und alternatives Ziel festgelegt
◯ Wichtige Orte der Route auf Papier notieren
◯ Bekannte am Weg aufsuchen für Toiletten, Essen und Schlaf
◯ Geplante Zwischenhalte reduzieren Unfallrisiko

◯ So viel wie möglich im Auto mitnehmen, packen Sie wie für einen Campingurlaub, Wertsachen verstecken
◯ Immer Toilettenpapier im Auto mitführen
◯ Reservetreibstoffkanister
◯ Treibstoff, Wasser und Nahrungsmittel bei jeder Gelegenheit auffüllen

◯ Fahrrad
◯ Fahrradpacktaschen
◯ Luftpumpe und Reifenreparaturset

Nachwort

Zwei Beweggründe haben mich dazu veranlasst, dieses Buch zu schreiben: Zum einen die wachsende Besorgnis vieler Menschen darüber, wohin sich unsere Welt entwickelt – zum anderen die resignierte Haltung, dass man ohnehin nichts tun könne und alles nur Panikmache sei.

Natürlich kann auch ich nicht vorhersagen, was die Zukunft bringt. Doch eines lässt sich kaum leugnen: Die Sicherheitslage hat sich spürbar verschlechtert. Ob es zu einem Krieg kommt oder nicht, liegt nicht in unserer Hand – aber wir können uns vorbereiten. Und genau darin liegt unsere Chance: durch rechtzeitige, sinnvolle Maßnahmen unsere Überlebensfähigkeit zu verbessern.

Ich hoffe, dieses Buch hat Ihnen aufgezeigt, wie Sie persönlich von möglichen Eskalationen betroffen sein könnten – und welche realistischen Vorkehrungen Sie dagegen treffen können.

Am Ende bleibt nur zu wünschen, dass Sie in einigen Jahrzehnten auf dieses Buch zurückblicken und sagen können: *Zum Glück habe ich es nie gebraucht.*

Jürgen Weinmeister

St.Pantaleon 2025